Alfred Salomon

Aus der Wüste in die Heilige Stadt

Der Weg Davids

Band 1

R. Brockhaus Verlag Wuppertal

R. Brockhaus Taschenbuch Bd. 372

1. Taschenbuchauflage 1985

Überarbeitete und gekürzte Ausgabe der 1955
im R. Brockhaus Verlag Wuppertal erschienenen Bücher
»Der Partisan in der Wüste« und
»Der Partisan auf dem Thron« (Auszug)
Umschlaggestaltung: Carsten Buschke, Leichlingen 2
Umschlagbild: David Roberts
Gesamtherstellung: Breklumer Druckerei Manfred Siegel

ISBN 3-417-20802-5

INHALT

Landkarte: Palästina zur Zeit Davids

Im Feldlager von Ephes Dammim

»Vorsichtig, Eleasar! Oder willst du, daß die Ungläubigen über uns kommen?« Der Angeredete duckte sich flach hinter den Stein, der ihm Deckung gewährte, und spähte zu seinem Gefährten hinüber, der durch eine Lücke zwischen den Felsbrocken ins Tal lugte.

»Mir scheint, du übertreibst, David Ben Isai!« knurrte er endlich. »Sollten diese Pelischtim[1] wirklich hier herumstreunen? Der Hirte vorhin erzählte uns doch, sie seien von Socho her in die Gegend von Ephes Dammim gezogen? Ganz ohne Zweifel werden sie sich dort sammeln, um den Unseren, die da ihr Lager bezogen haben, entgegenzutreten.«

Eleasar drehte sich gelangweilt auf die Seite und stützte den Kopf auf die Hand, um seinen Altersgenossen zu betrachten. Wie die Sonne auf dem leicht rötlichen Haar Ben Isais gleißte! Der Körper des Jungen schmiegte sich jeder Unebenheit des rauhen Bodens an, als wenn er mit ihm verschmelzen wollte.

Eleasars Augen leuchteten auf, als er daran dachte, wie dieser Ben Isai vor drei Monden furchtlos dem Löwen dort am Brunnen Etam entgegengetreten war.

Er fuhr herum: Hatte Ben Isai etwas gesagt? »He?« flüsterte Eleasar. Statt einer Antwort gab David Ben Isai nur ein Zeichen mit der Hand. Komm! hieß das, und gleichzeitig mahnte es zur äußersten Vorsicht. Wie eine Schlange wand sich Eleasar zwischen den Steinen zu seinem Gefährten hin, um nun neben diesem durch die Lücke im Geröll zu spähen.

»Tatsächlich, es sind wirklich Pelischtim!« flüsterte Eleasar, kaum daß er einen Blick ins Tal geworfen hatte. »Ja, unverkennbar!« raunte David über die Schulter. »Ihre Rundschilde, die langen Schwerter und ihre Filzhelme machen

[1] *Pelischtim:* Philister; vgl. Anm. 5.

sie selbst auf diese Entfernung hin kenntlich.« Er knirschte mit den Zähnen. »Wie die Heuschrecken sind diese Ungläubigen ins Land gefallen! Selbst hier schwärmen sie schon herum.« Er machte eine Pause und schien nachzudenken. »Wie kommen wir jetzt ins Lager nach Ephes Dammim?«

»Vielleicht sind die da unten nicht gar so zahlreich«, wendete Eleasar ein, stieß jedoch sogleich auf den Widerspruch des Freundes: »Wenn wir die Hände frei hätten! Dann könnten wir uns wohl auf die Schnelligkeit unserer Füße verlassen, und ich möchte den Ungläubigen sehen, der uns hier zwischen den Felsen einzuholen vermöchte! Aber«, er wies mit der Hand auf den großen Korb, der seitlich in einer Spalte versteckt stand, »mit unserer Last da? Die ist ja so schwer, daß wir schon beide zupacken müssen. Ein Ungetüm von Korb, das mein Vater mir anvertraut hat!«

Enttäuscht biß sich Eleasar auf die Lippen; David hatte recht, so ging es nicht. Doch da sprach der Sohn Isais schon weiter: »Warten wir die Nacht ab, um im Schutze der Dunkelheit das Feldlager zu erreichen!« –

»Wer da?« Der Posten auf dem aus Felsblöcken getürmten Wall hielt den leichten Spieß wurfbereit und spähte in das Dunkel hinaus. War da nicht eine Bewegung gewesen? Kamen etwa diese Ungläubigen, um das Lager Israels zu überfallen?

»Was gibt's?« Der junge Feldhauptmann, der diesen Wallabschnitt unter sich hatte, war unhörbar neben den Posten geglitten, der jetzt stumm nach vorn wies, wo inmitten der Schwärze ein etwas hellerer Schimmer sich zu bewegen schien.

Kam da nicht leise wie ein Hauch eine Frage aus dem Dunkel? Angestrengt lauschten die beiden auf dem Wall. »Israel?« raunte es aus der Schwärze, und dann noch einmal: »Israel?«

Der Posten gab halblaut Antwort: »Hier Israel und seine Streiter!« Fast zu laut kam es jetzt aus der Nacht: »Gelobt sei der Name Jahwes![2] Komm, Eleasar, wir sind am Ziel! Freunde, David Ben Isai ist hier, um seine Brüder zu besuchen, die bei euch im Feldlager sind.«

»Wie viele seid ihr?«

»Nur mein Freund Eleasar ist noch bei mir.«

»So kommt!«

Zwei schlanke Gestalten huschten heran, klommen jetzt den ungefügen Wall herauf und zogen etwas Schweres hinter sich her.

»Wen bringt ihr da? Einen Verwundeten?« Der Hauptmann war herangetreten und tastete prüfend nach der Last, die sie behutsam niedergelassen hatten. »Nein!« lachte eine helle Knabenstimme ihn an. »Ein Korb ist es, ein Korb, mit dem, was mein Vater durch mich für seine Söhne schickt, die hier im Lager sind. Sagt, kennt ihr die Söhne Isais?«

Bedächtig nickte der Hauptmann, sagte dann, da er sich besann, daß diese Bewegung im Dunkel nicht zu erkennen war: »Ich weiß ihr Zelt, sie gehören zu meiner Schar. Ich werde selber euch hingeleiten.«

Sie tappten hinter ihm her durch die Dunkelheit, die hier innerhalb des Walles noch schwärzer zu lasten schien.

»So«, kam jetzt die Stimme ihres Führers aus dem Dunkel, »nun hier links die Zeltgasse entlang! Wir sind gleich da.«

Hoch und spitz geisterte ein Zelt vor ihnen auf, ein Vorhang rauschte zur Seite, und da war ein kleines Feuer, um das mehrere Männer kauerten, über deren halbnackte Gestalten der Flammenschein zuckende Lichter tanzen ließ.

»David, mein Bruder! Du hier?« Der Große drüben jenseits des Feuers hatte es gerufen; nun sprangen auch zwei der anderen auf und drängten sich heran: »David! Und Elea-

[2] *Jahwe:* In 2.Mose 3,14 gibt Gott sich dem Mose als der »Ich werde sein« zu erkennen. Diesem »Ich werde sein« entspricht der hebräische Eigenname Jahwe, wie 2.Mose 3,15 ausgeführt ist. (Die Lesart »Jehova« ist falsch, sie entstand durch die Unkenntnis der hebräischen Sprache; vgl. Lexikon zur Bibel, Wuppertal ^{16}1983, Spalte 966–968)

sar! Wo kommt ihr her? Und mitten in der Nacht? Erzählt!«

»Erst wenn ihr die richtige Musik dazu macht!« lachte David. Er schob den Korb ans Licht und lüftete den Deckel: »Seht her, Eliab, Abinadab und Samma! Das sendet euch der Vater! Da macht ihr Augen, was? Kann's wirklich mir denken, wie es hier im Heerlager zugeht: Da schwärmen draußen die Pelischtim umher und fangen jeden ab, der Verpflegung heranschaffen will. Und ihr sitzt hier, zieht den Strick um den Leib enger und denkt an längst vergangene Festtage mit Hammelbraten, am Spieß gerösteten Widdern und . . .«

»Hör auf!« brüllte Abinadab los und hielt sich die Ohren zu. Doch Eliab, der älteste der Söhne Isais, lachte: »Nun hat für uns der Hunger ein Ende!« Er griff in den Korb und langte heraus, was dieser barg: »Seht da, zehn frische Käse liegen obenauf! Oha: Und da sind gleich dazu die zehn Brote! Hier, hier – und hier! Und das da, fein verpackt in Linnensäckchen?« Er hob einen der Beutel an die Nase, schnupperte und rief entzückt: »Wahrhaftig, geröstete Körner!«

Er hieb David gönnerhaft auf die Schulter: »Kleiner, das war großartig von dir! Daß du dich auf den gefährlichen Weg gemacht hast, das trägt dir unsere Achtung ein!«

»Mir scheint, wir werden von diesem jüngsten Sohn Isais noch oft zu sprechen haben?« Überrascht fuhr David herum und sah auf den untersetzten Mann, der mit diesen Worten aus dem dunklen Hintergrund des Zeltes in den Lichtschein des Feuers getreten war.

»Ah! Auch du bist hier, Joab, Sohn der Seruja[3]?«

»Wie sollte ich nicht! Wo Streit mit den ungläubigen Hunden ist, da wirst du auch immer die Söhne deiner Schwester Seruja finden!«

»Auch deine Brüder sind im Lager?«

[3] *Seruja:* Es ist nicht ganz klar, in welcher Weise sie mit David verwandt war. Allem Anschein nach war sie eine Halbschwester. Eine Aufstellung der Verwandtschaft Davids findet sich im Lexikon zur Bibel, Spalte 285/286.

»Sogar hier in diesem Zelt!« Joab wandte den Kopf: »Nun tretet schon her, ihr jungen Füchse, den Bruder eurer Mutter zu begrüßen! – Hier, Ben Isai, hast du Abisai, und da kommt –«

»Asahel!« jubelte David auf und schlang die Arme um den Jungen, der gewandt und flink zwischen den Männern hindurchgeglitten war. »Sieh an, Asahel, auch du bist hier!« lachte Isais Sohn. »Nun, so bin ich doch nicht der Jüngste im Feldlager!«

»Tu dir nur nichts zugut auf die zwei Monde, die du älter bist als ich!« lächelte Asahel zurück. »Und sei auch bitte nicht neidisch darauf, daß du mich hier unter den Kriegern siehst!« Er verzog ärgerlich die Lippen. »Die beiden Großen«, er wies auf Joab und Abisai, »hüten mich, als sei ich eben erst unter der Schürze der Mutter hervorgekrochen.«

David fiel ihm ins Wort: »Da ihr drei die Söhne meiner Schwester seid, eßt ihr natürlich mit!«

»Aufrichtigen Dank, ehrwürdiger Oheim!« Joab deutete eine leichte Verbeugung an, doch seinem Gesicht war nicht anzusehen, ob er spottete oder es ernst meinte.

»Bleib hier!« Ben Isai ergriff den jungen Hauptmann, der sich eben anschicken wollte, das Zelt zu verlassen, am Mantelsaum. »Mein Vater hat mir ausdrücklich geboten, auch den Hauptmann, dem meine Brüder unterstellt sind, an den Gaben teilhaben zu lassen. Lauf also bitte nicht weg, sondern mach es dir hier bequem und lang zu!«

Joab reichte ihm ein Brot und einen Schafskäse hinüber, deutete sodann auf David: »Wenn der Bruder meiner Mutter dich einlädt, so bist du unser Gast, Jasobeam!«

Bei der Nennung dieses Namens hatte David aufgehorcht. Jetzt, da sie alle saßen und es sich schmecken ließen, fragte er zu dem jungen Offizier hinüber: »Jasobeam ist dein Name? Dann bist du wohl ein Sohn Hachmonis?« Er setzte, als der andere Zustimmung nickte, erklärend hinzu: »Ich begegnete in der Steppe den Herden deines Vaters, und eure Hirten erzählten mir von dir.« Er lächelte, fuhr dann fort:

»Wenn nur die Hälfte von dem wahr ist, was sie zu sagen wußten, mußt du schon richtige Heldentaten vollbracht haben?«

Jasobeam schüttelte den Kopf, wie wenn er das Lob zurückweisen wollte, doch Joab fiel ein: »Die Hirten haben nicht übertrieben. König Saul hat sehr wohl gewußt, weshalb er Jasobeam trotz seiner Jugend schon über hundert Mann setzte.«

»Na«, spottete Eliab, »dann können wir ja hoffen, daß Jasobeam eines Tages dem Philisterriesen das große Maul stopfen wird!«

David fragte mit großen Augen: »Ein Riese ist unter den Philistern?«

»Und was für einer!« lachte Asahel. »Ein Kerl, der so groß ist, daß er die Sonne verdunkelt! Und ein Mundwerk hat er, das –«

»– beinahe so groß ist wie das deine!« warf Joab trocken ein. Er legte seinem jüngsten Bruder eine Hand auf die Schulter: »Asahel, daß du dich ja nicht unterstehst, draußen vor dem Lager herumzustrolchen und dabei dem Riesen unter die Finger zu geraten! Ich habe unserer Mutter Seruja feierlich versprechen müssen, dich heil wieder nach Hause zu bringen. Und dieser Riese –«

»Gerade große Kerle sind oftmals feige!« widersprach der Kleine.

»Feige nennst du diesen Goliath?« Joab schüttelte den Kopf. »Ich weiß nicht, ob man einen Mann feige nennen darf, der sich allein vor unsere Schanzen wagt und seine Herausforderung Morgen für Morgen in unser Lager schreit!«

»Welche Herausforderung?« wollte David wissen.

»Zum Zweikampf, Kleiner!« gab Eliab mit vollen Backen Auskunft. Er zwinkerte mit den Augen: »Wie wär's, wenn du dich ihm stelltest, he?«

»Ja, das wär' der richtige Gegner für dich!« stichelte Abinadab. »Nicht wahr, Samma? Da es unserem kleinen

Bruder David ja nichts ausmacht, sogar Löwen mit der Steinschleuder zu erlegen, so –«

»Da hat David nicht gelogen!« fuhr Eleasar dazwischen. »Ich war selber dabei, als er den Löwen am Brunnen Etam erlegte!«

»Wohl mit dem Munde?« grinste Abinadab. Doch Eleasar ließ sich auch durch das Hohnlachen der Krieger nicht davon abbringen, seinen Freund in Schutz zu nehmen. »Spottet nur!« rief er hitzig. »Ich weiß, daß es wahr ist. Und mögt ihr auch alle vereint über euren jüngsten Bruder herfallen, vielleicht als Dank dafür, daß er sich durch die Philister geschlichen hat, um eure knurrenden Mägen zu füllen, ich weiß, daß dieser jüngste der Söhne Isais euch alle einmal überragen wird!« Er hatte sich im Eifer vorgebeugt, so daß er den warnenden Blick Davids nicht bemerken konnte, und stieß hastig, fast übersprudelnd hervor: »Ihr habt wohl vergessen, daß Samuel, der heilige Mann Jahwes, ihn –«

»Schweig!« Scharf und schneidend fiel das Wort in Eleasars Rede, so daß dieser erschrocken herumfuhr und erstaunt David ansah. Doch dann senkte er den Kopf und stammelte, leise, so daß nur Joabs scharfe Ohren es vernahmen: »Verzeih, David Ben Isai, daß ich mich im Zorn hinreißen ließ.«

Joab, der unter halb gesenkten Lidern die beiden scharf beobachtet hatte, bemerkte, wie David mit der Hand eine leichte Bewegung machte, als wenn er etwas fortwischen wolle, und dann, nachdem er Eleasar mit fast herrischem Blick angeblitzt hatte, in scheinbar gleichgültigem Ton sagte: »Ist ja alles nicht so wichtig, Brüder!«

»Meine ich auch!« warf Eliab hin, der das stumme Zwiegespräch der beiden nicht wahrgenommen hatte. »Samuel!« Eliab machte eine verächtliche Handbewegung. »Samuel! – Na ja, der war einmal ein großer Richter und Heiliger!« Er lehnte sich zurück und setzte hinzu: »Aber jetzt?« Eliab sah seine Brüder herausfordernd an: »Hattet ihr nicht auch den Eindruck, daß er alt geworden ist, vielleicht sogar etwas – kindisch? Was machte er für Aufhebens, als er in das Haus unseres Vaters Isai kam!« Er lachte, erklärte dann den andern: »Da kommt dieser alte Heilige nach Bethlehem und kehrt bei uns ein. Na schön, warum soll er nicht auch in unserem Hause dem Herrn ein Opfer darbringen? Aber dann läßt er uns alle der Reihe nach an sich vorbeimarschieren und gludert uns aus seinen altersmüden Augen an, als seien wir Mastvieh und er ein Händler, der zu kaufen gedenkt!« Eliab lachte schrill auf: »Wir waren ihm wohl nicht fett genug! Jedenfalls schüttelte er nur abwehrend den Kopf, als wir ihm vorgeführt wurden. Doch dann, als der Kleine da, das Kälbchen David, vom Felde heimgeholt worden war, wurde er munter. Was soll ich euch sagen: Nahm doch der Alte den Knaben beiseite, um lange und eindringlich auf ihn einzureden! Möchte nur wissen, was die beiden da wohl zu tuscheln hatten?« Er schlug mit der Hand durch die Luft und warf verächtlich hin: »Sah ja sehr feierlich aus, diese ganze Geschichte mit dem Salböl und dem priesterlichen Segen!«

Er blickte herausfordernd zu David hinüber, bemerkte jedoch mit Erstaunen, daß ein stilles Leuchten über dessen Gesicht lief. Schon wollte Abinadab erneut über David herfallen, als er Joabs Blick fühlte. Unbehagen kroch in Abinadab hoch: Wie sieht Joab mich an? Ist das Zorn oder Verachtung, Haß oder Überlegenheit, was da hinter diesem verhangenen Blick lauert? Ach was, könnte mir ja gleich sein, wenn dieser Joab nur nicht so ein gefährlicher Dickschädel wäre. Scheint außerdem an David einen Narren gefressen zu haben! Besser drum, ich lenke ein oder bringe das Gespräch auf etwas anderes!

»Sag«, wandte Abinadab sich wieder David zu, »hat dir der – heilige Mann vielleicht verraten, wie man mit so einem ungläubigen Riesen fertig wird?«

»Wer es mit Riesen aufnehmen will, muß unter Jahwes Händen stehen.« David hatte es beinah leise gesagt, doch Abinadab sah, wie es in Eleasars Augen aufleuchtete.

»Dann lassen wir doch am besten den alten Samuel gegen diesen Goliath antreten!« höhnte Samma. »Der Riese würde den Alten wie eine lästige Fliege zerdrücken!«

»Nicht, wenn der Herr es anders will!« widersprach David.

»So! Nun sag bloß noch, auch dich könnte dieser Riese nicht abtun, wenn«, Eliab äffte Davids Tonfall nach, »der Herr es nicht will!«

»Genauso meine ich es!« erwiderte David fest.

Bewegung kam plötzlich in Eliab; er sprang zum Zeltpfosten hin, an dem seine Rüstung hing: »Dann auf in den Streit, mein kühner Ritter! Da!« Er schleuderte ihm den Harnisch zu, langte jetzt nach Schild und Spieß: »Steig in die Rüstung, gürte das Schwert um und nimm den Schild!« Aufgesprungen waren die Krieger, drängten sich lachend um den Jungen, überhäuften ihn mit Spott, gaben sich so sehr dem Höhnen hin, daß sie nicht wahrnahmen, wie Joab zur Seite trat und im Zeltausgang Eleasar mit den Augen winkte.

Still war Eleasar hinausgeglitten, stand jetzt draußen im Dunkel und suchte die Augen an die Schwärze zu gewöhnen. Ein leises Klingen war plötzlich neben ihm, als ob ein Schwertgriff gegen das Wehrgehänge klirre, und dann eine Hand, rauh und hart, die ihn am Arm griff und weiter in die Nacht zog. Ohne Widerstreben gab Eleasar nach, es konnte ja niemand anders als Joab sein.

Nun blieb der andere stehen, raunte verhalten: »Ich mußte dich sprechen, Junge! Und ich beschwöre dich beim Gott unserer Väter: Was wolltest du vorhin sagen, als Isais Sohn dich schweigen hieß?«

»Was meinst du?« fragte Eleasar, um Zeit zu gewinnen und seine Gedanken zu sammeln.

»Du weißt, was ich wissen will!« stieß Joab rauh hervor. »Was tat Samuel mit David?«

»Er – er –« Eleasar zögerte, sagte dann fast heftig: »Ich sag' es nicht! Es geht nur ihn selber an!«

Fester noch umspannte Joabs Hand den Arm des Jungen.

Lachte er gar? Fast klang es so, als er jetzt hart an Eleasars Ohr flüsterte: »So sage ich es dir: Samuel salbte ihn zum König!«

Eleasar wollte erschrocken die Hand vor den Mund legen, doch Joabs Faust gab ihn nicht frei: »Riet ich richtig, Eleasar? Sprich!«

»Woher weißt du es?« kam es keuchend aus des Jungen Mund.

Nun lachte Joab, ein befreites Lachen tief aus der Brust heraus, ein Lachen, in dem das Herz dieses harten Mannes mitzuspringen schien: »Ich ahnte es, ahnte es schon lange! Und vorhin, als Abinadab über den Seher Samuel spottete, da wurde mir das Ahnen zur Gewißheit! Mit Blindheit geschlagen sind Davids Brüder, daß sie nicht begreifen, was da in Bethlehem geschah.«

Hart packte Joabs Hand den Arm des Jungen. »Du kennst den König Saul nicht, ich aber sehe ihn täglich. Und ich sage dir: Saul hat sein Königtum verspielt! Er ist ein Gezeichneter! Immer häufiger fassen die Geister der Tiefe nach seinem Herzen; dann rast er in blindwütigem Zorn, kennt selbst seine Freunde nicht mehr. Ja, der Herr, hat seinen Knecht Saul verlassen.« Eine Pause nun, dann: »Aber Jahwe hat sein auserwähltes Volk nicht vergessen! Einen neuen König wird er sich erwählen, einen, der es aus der Hand der Philister erlöst, einen, der tapfer ist und – anders als Saul, ein reines Herz hat. Darum fuhr es mir vorhin, als du erzähltest, Samuel habe Isais Haus aufgesucht, wie ein Blitzstrahl durch den Sinn: Der Heilige Israels hat David Ben Isai zum König erkoren!«

Eleasar schwieg verwirrt. Wie anders war heute dieser Joab als sonst! War das der wortkarge und finstere Mann, der so kalt zu blicken wußte, daß es einem Mund und Herz verschloß?

Schmerzhaft spürte der Junge den harten Griff des Kriegers an seinem Handgelenk: »Nun sprich du, Eleasar! Wie kamst du zu deinem Wissen?« Der kühle Ton der nun wieder beherrscht und soldatisch klingenden Stimme riß Eleasar in die Wirklichkeit zurück. Ja, das war wieder Joab, wie man ihn sonst kannte: ein Krieger durch und durch. Ein Krieger nur? Nein, ein Töter! Ein Mann, in dessen Sinn nur das eine Wort der Alten brannte: Auge um Auge, Zahn um Zahn, Strieme um Strieme!

Hart schüttelte der Unsichtbare den Jungen: »Sprich! Was geschah?«

»Sie holten David vom Feld, der Mann Gottes wolle ihn sehen. Als er mir zu lange ausblieb, lief ich ihm nach, zu sehen, was er zu Haus wohl triebe. An der Tür der Halle stockte mein Schritt: Da waren sie alle, Isai mit undurchdringlichem Gesicht, weiter nach hinten die Brüder. Hohn lag auf ihren Gesichtern. Doch da, dicht vor mir, saß der Alte und hatte die Hände auf des knienden Davids Haupt gelegt. Die andern standen zu weit ab, zu nahe wohl auch dem rieselnden Murmeln des Wassers, das da aus dem Rohr in den kleinen Brunnen fällt, der inmitten des Hofes ist. Doch ich, ich hörte alles, was der Alte raunte.«

»Was sagte er?« drängte ungeduldig Joab.

Unwillkürlich schwang der feierliche Ton der Krönungsworte in des Jungen Stimme mit, als er jetzt wiederholte, was er an jenem Tage vernommen: »So salbe ich dich, David Ben Isai, zum König über mein Volk! Der Geist des Herrn komme über dich und bleibe bei dir jetzt und immerdar!«

Der eiserne Griff Joabs lockerte sich. Fast gleichmütig kam es jetzt aus der Nacht: »Ich danke dir, Eleasar.« Nichts weiter, kein Wort mehr. Feste Schritte in der Nacht, dann ein blutroter Lichtschein, als der Mann den Vorhang des Zeltes zurückschlug, um wieder zu den Kameraden zu treten, die drinnen noch immer lärmten.

Einsam fühlte sich plötzlich Eleasar, allein und ganz verlassen. Jäh fiel ein Frösteln ihn an, so daß er sich schüttelte. Hin zu den andern! Und wenn sie auch lärmten, ihn und David nicht begriffen, es war doch irgendwie Geborgenheit bei ihnen dort am Feuer!

Argwohn und Zweifel

Rauhes Gelächter schlug Eleasar entgegen, als er in das Zelt trat. »Hab' ich's nicht gesagt?« höhnte eben Eliab. »Die Rüstung paßt ihm wie dem Schakal das Bärenfell! Ja, laß dich nur auslachen, Kleiner! Du bist mir gerade der Rechte, es mit dem Riesen aufzunehmen und den vom König ausgesetzten Preis zu erringen!«

Ein unbestimmbares Lächeln flog über Davids Gesicht, als er fragte: »Welches ist denn der Preis, von dem du sprichst?«

»Des Königs Tochter!« schrie Abinadab. Er trat vor und machte gegen den jüngeren Bruder eine tiefe Verbeugung: »Heil unserem Bruder David, dem Eidam König Sauls!« Lärmend fielen die anderen in den Spott ein, nur Joab stand in düsterem Schweigen beiseite, schoß jetzt einen warnenden Blick zu Eleasar hinüber.

Ein kühler Windzug strich durch das Zelt. »Wer hat die Zelttür offen gelassen?« überbrüllte Samma den Lärm und sah zum Eingang. Doch nun ging es wie ein Ruck durch ihn: »Der König! Der König und sein Feldherr Abner!«

Im Augenblick erstarb das Gelächter, achtungsvoll wichen die Krieger zurück, dem König eine Gasse lassend. Den Kopf zwischen die mächtigen Schultern geduckt, trat König Saul langsam in den Kreis ans Feuer. Hinter ihm her glitt sein oberster Feldhauptmann Abner ins Zelt, kleiner als Saul, viel kleiner, aber breit und wuchtig, voll verhaltener Kraft und Zähigkeit.

Der König war hart am Feuer stehengeblieben und ließ seine Augen von einem der Männer zum andern wandern. Jetzt fiel sein Blick auf David. Düster starrte Saul in das frische Gesicht des Jungen, der da so frei und offen zu ihm aufschaute.

Jäh riß der König seine Augen jetzt los, da er den Blick eines Dritten auf sich gerichtet fühlte. Eines Dritten? fragte er sich selbst, während er rasch die in ehrfürchtigem Schweigen stehende Schar überflog. Sie alle starren mich ja an! Doch halt: Der da hinten! Lauert nicht Widerstand hinter diesen gesenkten Lidern, vielleicht gar Feindschaft? Wer ist doch dieser Mann? Ah, richtig: Joab von Ephrata! Natürlich, auch einer aus der zahlreichen Sippe des Bethlehemiten Isai, sein Tochtersohn, wenn ich mich recht erinnere.

Noch tiefer senkte der König den breiten Nacken, da er jetzt aus den Augenwinkeln die Gesichter der anderen prüfte. Wahrhaftig, da war ja das ganze Geschlecht Isais beisammen, Isais Söhne hier, und da die Enkel, die Söhne der Seruja. Und dieser junge Fant, der so dreist dem Blick eines Königs standhielt? Konnte doch auch nur einer aus Isais Brut sein! Waren ja immer schon eine halsstarrige Gesellschaft gewesen, diese Herren aus dem Stamme Juda! Taten sich was darauf zugut, daß ihr Stamm der volkreichste war. Ducken mußte man sie, ihnen zeigen, daß auch der kleine Stamm Benjamin würdig war, den König über Israel zu stellen!

Was trieben diese Herren hier? War nicht sein, des Königs Name vorhin gefallen? War nicht spöttisches Lachen aufgeklungen, als der Königsname genannt wurde?

Saul wandte sich mit einem Ruck zu Abner und warf ihm einen herrischen Blick zu: Sprich du!

»Ihr Männer!« Leise nur hatte Abner es gesagt, aber wie ein Peitschenhieb schwang es über die Köpfe der Wartenden hin. »Ihr Männer! Der König machte die Runde, um sich von der Wachsamkeit der Posten zu überzeugen. Draußen am Wall«, er machte eine unbestimmte Bewegung mit dem Kopf, »vernahmen wir Lärmen, wie es sich in einem Heer, das vor einer schweren Entscheidungsschlacht steht, einfach nicht ziemt. Wir gingen dem Lachen und Schreien nach, stehen nun hier. Im Namen des Königs! Sagt an, was euch so lärmen macht!«

Unter buschigen Brauen hervor waren Sauls Blicke prüfend über die Männer gewandert, zu sehen, wie sie Abners Worte aufnahmen. Fast war er enttäuscht, wie gleichmütig sie blieben. Sollte er sich doch geirrt haben? Loderte hier nicht die Flamme des Aufruhrs? Oder hatten sie sich so in der Gewalt, daß sie ihm frech die Stirn boten?

»Sprich du!« Sauls Rechte schoß vor und deutete auf Eliab. »Du bist der älteste der Söhne Isais.«

»Unser jüngster Bruder«, Eliab wies mit den Augen auf David, »traf vorhin hier im Lager ein, um uns vom Vater einen Korb Proviant zu bringen.«

»In der Nacht kam er?« fuhr Abners Frage dazwischen.

»Ja, erst im Schutz der Dunkelheit vermochte er sich mit seinem Freund Eleasar durch die Philister zu schleichen!«

Saul schoß einen raschen Blick zu dem Jungen hinüber, doch es war nicht zu erkennen, was er dachte, als er durch eine Handbewegung Eliab zum Weitersprechen aufforderte.

»Nun«, fuhr dieser fort, »infolge der guten Gaben, die David gebracht hatte, waren wir natürlich in aufgeräumter Stimmung. Diese erreichte ihren Höhepunkt, als David sich anbot, mit dem Philisterriesen Goliath zu kämpfen!« Er bemerkte, daß Abner verwundert den Kopf neigte, und setzte rach hinzu: »Nun, wir haben das dem Übermütigen rasch ausgetrieben! Es ist ja einfach lachhaft, auch nur daran zu denken, ihn gegen den Riesen antreten zu lassen.«

»Und was hatte ich mit der Sache zu tun?« forschte argwöhnisch der König, um dann, als er sah, daß Eliab nicht begriff, erklärend hinzuzusetzen: »Ich hörte draußen, daß mein Name genannt wurde.«

»Ach so!« Ein Lachen ging über Eliabs Gesicht. »Wir priesen diesen jungen Helden im Hohn als zukünftigen –«, er stockte, stieß dann entschlossen hervor: »– als zukünftigen Eidam des Königs! Weil doch«, fügte er halblaut hinzu, »des Königs Tochter als Preis dem winkt, der den Riesen erschlägt.«

Was ist es mit diesem Jungen? sann Saul mit fast geschlossenen Augen. Schlägt sich da listig durch den Einschließungsring, den die Ungläubigen um uns gelegt haben.

Ein Sohn Isais! Oh, wie ich diese Bethlehemiter hasse! Ein Gedanke durchfuhr ihn, brennend heiß: Laß diesen vorwitzigen Knaben in sein Verderben rennen! Gedemütigt ist diese Brut vor dem ganzen Israel, wenn dieser Großsprecher hier als Kadaver draußen vor dem Wall liegt!

Aber, regte sich ein Bedenken, werden die Ungläubigen nicht noch mehr triumphieren? Wird nicht noch größere Mutlosigkeit dein Heer befallen? – Ach was! Ein Knabe nur, eben dem Kindesalter entwachsen, wird von dem Riesen erschlagen! Was gibt's da schon zu rühmen für die Philister? Ist's etwa eine Heldentat, einen Jungen zu töten? Na also: Da ist kein Grund für unsere Leute, darüber den Mut zu verlieren! Im Gegenteil, spotten können sie dann: Kinder vermögt ihr zu würgen, ihr großen Helden von Gath![4]

Mit hartem Ruck warf Saul den Kopf in den Nacken: »Abner, meinen Schild!« Verwundert blickte der Feldherr den König an, reichte ihm zögernd den schweren Schild. »Tritt her!« herrschte Saul den jüngsten Sohn Isais an. »Hier, versuch meinen Schild!« Er schnallte das Wehrgehänge auf, reichte es mitsamt dem Schwert dem Jungen: »Gürte es um!« Und nun ein gebieterischer Wink zu Eliab: »Nimm mir den Harnisch ab und binde ihn deinem Bruder um!«

Mit undurchdringlichem Gesicht schaute der König zu, wie sie David rüsteten, reichte ihm zum Schluß noch den schweren Helm.

Die Männer mußten ein Lachen verbeißen, als sie sahen, wie die Sturmhaube dem Jungen so tief in die Stirn glitt, daß kaum die Augen noch zu sehen waren.

»Weg damit!« Hell schnitt die Jungenstimme durch den Raum. »Herunter mit dem Harnisch! Er drückt mich nur und nimmt mir die Bewegungsfreiheit. Fort auch mit Schild und Schwert! Das alles brauche ich nicht, mich schützt ein anderer!«

[4] *Gath:* Eine der fünf Philisterstädte.

Einen Augenblick schien es, als wolle der König zornig losbrechen, doch nun schwang nur Hohn in seiner Stimme, als er schneidend sagte: »Ich sehe schon, du reckenhafter Sohn eines nicht weniger heldenmütigen Vaters: Dein Mut lag nur in der Zunge, nicht aber im Herzen!« Sein verächtlicher Blick wanderte über die betroffen dastehenden Söhne Isais: »Schickt den Kleinen bald nach Haus zu eurer Mutter!« Und dann, beißend: »Wenn ihr gleich mitgehen wollt, so mögt ihr's tun. Ich halte euch nicht, da ich nur Männer brauchen kann, die mit dem Schwert und nicht mit der Zunge fechten. Sagt eurem Vater Isai meinen Gruß und bringt ihm die Botschaft des Königs Saul: Lehre deine Söhne spinnen und weben, laß sie Weiberröcke tragen und die Flöte blasen!«

»Du irrst, König Saul!« David war einen Schritt vorgetreten, stand nun hart vor dem König und blickte furchtlos zu ihm empor. Erstaunt standen die Männer, wie gebannt hingen ihre Blicke an dem ungleichen Paar. Welche Dreistigkeit von diesem Jungen! Da, fuhr nicht Sauls Hand an den Schwertgriff? So sehr standen die Männer im Banne des Geschehens, daß keiner von ihnen wahrnahm, wie Joab zum Sprunge geduckt sich vorschob und jetzt, die Hand um den kurzen Dolch gekrallt, dicht hinter Abner glitt.

»Ja, du irrst, König Saul!« Wie? Stand nicht ein Lächeln in Davids Augen, während er noch einmal die unerhörten Worte sprach? »Du meinst, ich fürchtete mich?« Der Junge schüttelte den Kopf, und nun ein unbekümmertes Lachen: »Nein, König Saul, Furcht kennt David Ben Isai nicht! Habe ich nicht den Löwen erlegt? Erschlug ich nicht den Bären, den ich mit meinem Freunde Eleasar aufspürte? – Der mich aus dem Rachen des Löwen und den Tatzen des Bären errettete, der wird mich auch vor der Hand des Philisters schützen! Morgen, wenn die Sonne über die Berge steigt, wird David Ben Isai den Riesen besiegen.«

Des Königs Hand hatte sich vom Schwertgriff gelöst, glitt ratlos tastend am Wehrgehänge entlang, als wolle sie einen festen Halt suchen. Tonlos bewegten sich Sauls Lippen, bis sie endlich die Worte formten: »Verstehe ich dich recht? Du willst wirklich mit dem Riesen kämpfen?«

Leise und stockend hatte Saul gesprochen, nun aber brüllte er fast: »Ohne Panzer, Schwert und Schild?«

»Ohne Panzer, Schwert und Schild!« nickte David, doch ein Leuchten war in seinen Augen, als er leise hinzusetzte: »Ein anderer ist meine Wehr und Waffe.«

»Das heißt Gott versuchen!« Abner hatte es gerufen, fuhr nun aber, die Hand am Schwert, herum, da dicht hinter ihm, fast an seinem Ohr, eine andere Stimme hart und vernehmlich sprach:

»Nicht Gott versuchen, sondern Gottes Verheißung bewähren!«

Auge in Auge standen sich Abner und Joab gegenüber, so dicht, daß einer den Atem des andern spürte.

»Wer bist du?« stieß Abner drohend hervor.

»Joab, ein Sohn der Schwester jenes David.« Es war, als wenn an des jungen Kriegers eherner Ruhe die mühsam gebändigte Wildheit des Feldherrn zerschellte. Unwillkürlich war Abner, obwohl er hier der Befehlende war, einen Schritt zurückgetreten. Ahnte er, daß in diesem Joab unaufhaltsam sein Geschick auf ihn zukam? Doch welche Gedanken oder Ahnungen auch in Abner stürmen mochten, undurchdringlich war sein Gesicht, als er jetzt fast herablassend hinwarf: »Nun, wenn er der Bruder deiner Mutter ist, dann mußt du wohl zu ihm halten, ob er schon töricht genug daherredet.« Er maß Joab von oben herab: »Im übrigen will ich es deiner Jugend zugut halten, daß du deinem Feldhauptmann ins Wort zu fallen wagst.«

Joab nahm Haltung an, doch in seinen Augen stand eisige Ablehnung, als er gemessen erwiderte: »Es war nicht Ungehorsam oder Widerspruchsgeist, was mich trieb.«

»Was dann?«

»Ich kenne diesen Jüngling besser«, wich Joab aus.

»Und traust ihm zu, den Riesen zu bestehen?«

»Nach dem, was ich über David weiß, wird er Sieger sein!« gab Joab fest zurück.

»Du scheinst sehr von deiner Sippe überzeugt zu sein!« Abner hatte den hämischen Ton, der in seinen Worten leise mitschwang, nicht ganz unterdrücken können. »Seid ihr Söhne und Enkel Isais immer so von euch eingenommen?«

Er sah, wie es in Joabs Augen kurz aufblitzte, und war auf eine heftige Antwort gefaßt, sah nun jedoch mit Verwunderung, wie die scharfen Falten um Joabs Mund sich entspannten, als er gelassen erwiderte: »Nicht weil er Isais Sohn ist, traue ich ihm den Sieg zu; es ist etwas anderes, was mir diese Zuversicht gibt.« Joabs Augen ließen Abner los und gingen zum König hinüber.

Wie sieht er Saul an? durchfuhr es Abner. Das ist doch nicht der Blick eines Kriegers, der auf seinen König schaut? Mit solchen Augen blickt man auf Tote!

»He du!« Abner konnte nicht verhindern, daß seine Stimme heiser klang. »Sag mir noch das eine: Wenn's nicht der Mut und die Unerschrockenheit dieses Jungen sind, denen du den Sieg zutraust, worauf baust du dann?«

Joabs Augen ließen den König wieder los, doch wie ein durchsichtiger Schleier senkte es sich über sie, als er mit gleichmütigem Hochziehen der Schulter hinwarf: »Es gibt Dinge, die man im voraus spürt.«

»Ho!« lachte Abner schneidend. »Das sind mir schöne Krieger, die Ahnungen haben! Schmiedet ihr in Bethlehem die Schwerter mit Zauberworten? Vielleicht gar habt ihr dort den Alten von Rama seine Sprüche raunen hören?«

»Du meinst Samuel?« Joab wandte sich mit einem kurzen Achselzucken ab und setzte kaum vernehmlich hinzu: »Vielleicht!«

Sinnend schaute Abner dem andern nach, der sich gleichmütig gegen den Zeltpfosten lehnte.

Wenn ich nur deine Gedanken ergründen könnte! grübelte der Feldherr. Du weißt mehr, als du mit Worten sagst! Da ist irgendein Geheimnis um diesen David! –

»Handle, wie du es für richtig hältst!« Des Königs heftig hervorgestoßene Worte rissen Abner aus dem Sinnen. Ah so, ja, den Riesen bestehen wollte ja jener junge Bursche! Und der König gab seine Zustimmung? Nun, Abner zog die Schultern hoch, der König mußte ja wissen, was er tat!

»Komm! Wir gehen!« Schroff hatte sich der König umgewandt und dem Feldherrn zu folgen gewinkt. Noch einen raschen, aufmerksamen Blick schoß Abner zu Joab hinüber, dann wandte er sich um und schritt dem König nach.

Ein Aufatmen ging durch die zurückbleibenden Krieger. Stumm ließen sie sich um das verglimmende Feuer nieder und langten schweigend nach den Resten des Mahls.

»Da hast du uns eine nette Sache eingebrockt!« Wütend stieß Eliab mit dem Fuß in die erkaltende Asche und warf einen zornigen Blick auf David. Doch der junge Hundertschaftsführer Jasobeam nahm David in Schutz: »Was willst du? Ihr selber seid doch daran schuld, daß alles so kam. Wenn ihr nicht so gelärmt hättet, wäre der König nie hier ins Zelt gekommen.«

»Hat David nicht unseren Spott herausgefordert?« widersprach Abinadab erregt. »Jetzt kann er sehen, wie er sich aus der Schlinge zieht. Ich jedenfalls möchte nicht in seiner Haut stecken! Ist doch gar keine Frage, daß der Riese ihn morgen zwischen zwei Fingern zerquetscht!«

»Hoffentlich weiß er anständig zu sterben!« lachte Eliab grimmig auf. »Damit nicht noch mehr Schande über uns kommt!«

»Schweig endlich!« unterbrach ihn Joab finster. Er erhob sich und trat zur Seite, wo die Decken lagen. »Ich jedenfalls will jetzt ruhen. Und ihr tätet wahrlich gut, meinem Beispiel zu folgen.«

»Na schön!« Eliab reckte die Arme. »Legen wir uns also hin! Ob ich allerdings werde schlafen können? Nun, ich werde mir überlegen, wie ich es unserem Vater Isai schonend sage, wenn wir ohne diesen David heimkehren!«

Der unsichtbare Schild

Noch blitzte der Tau auf den Gräsern, die sich storrig zwischen den Steinen spreizten. Die Sonne kam eben über die Höhen Judas, doch ihre Strahlen erreichten noch nicht den Talgrund, über dem die Morgennebel sich sacht zu heben begannen. Es war so still, daß das Murmeln des Baches bis auf die Höhe des Hanges drang. Zwei, nein, drei junge Burschen lagen dort zwischen dem Felsgeröll und spähten mit wachen Augen ins Tal hinab.

»Es ist keiner der Ungläubigen zu sehen«, flüsterte der eine, der am weitesten nach links hin lag. »Du kannst ruhig laut sprechen, Asahel!« lachte der in der Mitte. »Selbst wenn dort im Grund Pelischtim wären, so hörten sie uns nicht.« »Wenn du dich da nur nicht irrst, Ben Isai!« schüttelte der erste den Kopf. »Horch nur: Ganz deutlich vernehmbar ist das Geplätscher des Baches. Die stille Morgenluft trägt den Schall sehr weit.«

»Und doch hat David recht«, mischte sich Eleasar ein. »Wir dürfen hier oben laut sprechen. Der Schall dringt wohl aus dem Tal weit zu den Höhen hinauf, nicht aber umgekehrt. Auch würde gerade das Murmeln des über die Steine rauschenden Baches es einem Lauscher dort unten verwehren, uns zu hören.« Er hob die Hand und wies ins Tal. »Doch seht, die Nebel heben sich jetzt! Kein Mensch ist dort im Grund. Wir könnten also unbesorgt hinab, da die Ungläubigen von ihrem Lager in diese Windung des Tales nicht hinabzuschauen vermögen.«

»Ich sehe nur nicht ein, weshalb David unbedingt an den Bach will!« sagte Asahel.

»David will sich einige Steine für seine Schleuder suchen«, erklärte Eleasar. »Steine liegen doch hier überall genug herum!« widersprach Asahel. »Bitte: In jeder beliebigen Größe kann er sie hier finden und auflesen!« Doch Eleasar schüttelte den Kopf: »Sie taugen nicht für einen Kampf wie den, der heute zu bestehen ist. Zu unregelmäßig sind sie, haben scharfe Kanten und Spitzen –« »Die könnten nur gut sein!« warf Asahel ein. »Ich jedenfalls habe immer gerade solche Steine bevorzugt, weil ich weiß –« Er sah, daß David abwehrend die Hand hob und unterbrach sich, um fragend Ben Isai anzublicken. »Du hast recht«, nickte der, »was die Wirkung solcher Steine betrifft. Aber du irrst, wenn du meinst, man könne mit ihnen sicher treffen.« »Ist der Riese nicht groß genug?« spottete Asahel.

David schüttelte den Kopf: »Du meinst, es genüge, den Riesen Goliath einfach nur so zu treffen? Ich denke, du hast ihn selber schon gesehen, wenn er vor das Lager kam, euch zu verhöhnen? Da hast du mir erzählt, er habe einen schweren ehernen Helm auf seinem Haupt. Du sprachst von dem Schuppenpanzer, der so schwer und dicht ist, daß jeder andere Mensch unter seinem Gewicht wohl zusammenbräche, und erwähntest, daß dieser Philisterfürst selbst seine Schenkel durch eherne Beinschienen geschützt hat.« Er legte dem Freund die Hand auf die Schulter. »Und nun sag mir, Asahel, wie ich da wohl etwas mit meiner Schleuder ausrichten soll? Der Stein mag noch so scharfkantig sein, er wird nimmermehr den Schuppenpanzer oder den Erzhelm des Riesen durchschlagen können! Ich habe nur eine Möglichkeit –« »Sein Gesicht!« fiel Asahel ihm ins Wort. »Jawohl«, nickte Ben Isai, »sein Gesicht! Und, siehst du, um dies zu treffen, muß ich Steine verwenden, mit denen ich eines ganz sicheren Schusses gewiß bin. Einer muß gerade so schwer sein wie der andere. Rund und glatt müssen diese Steine sein. Wehe mir, wenn der Stein, auf den es ankommt, auch nur um den Bruchteil eines Wimperzuckens mit einer Kante oder Ecke am Leder der Schleuder hängen bleibt! Siehst du jetzt ein, weshalb es mich zu dem Bach dort hintreibt? Nur da, unter den vom Wasser glattgeschliffenen Kieseln, kann ich solche Steine finden, wie ich sie heute brauche.«

»Vielleicht machst du dir zu viele Sorgen um die Begegnung mit dem Riesen?« warf Eleasar ein. »Oder hast du vergessen, daß der Segen des Höchsten über dir ist?« »Ich weiß sehr wohl, daß ich nicht allein und nur auf mich selbst gestellt dem Ungläubigen entgegentreten werde«, gab David leise zurück, »doch ich weiß auch, daß ich den Herrn nicht versuchen darf. Geht auch seine Verheißung mit mir, so bin ich es doch, der zu streiten hat. Darum laß mich alles klug durchdenken und vorbereiten. Der Herr will keine faulen Knechte. Gewiß, er wird mir zur Seite stehen, aber nur, wenn ich Sinn und Hand tapfer rege! Doch nun kommt!«

Leichtfüßig sprangen sie zwischen den Steinen talab, stiegen durch die Nebelschicht, die sich bereits aufzulösen begann, und hielten nun an der Kante der letzten Bodenschwelle an. »Eleasar, bleib bitte hier und halte Wache!« wandte sich David an den Freund. »Denn wir können, während wir dort im Bach nach Kieseln suchen, nicht wahrnehmen, ob jemand vom Lager der Philister her naht. Droht Gefahr, so warne uns durch einen kurzen Pfiff!«

Mit Asahel glitt Ben Isai über die locker liegenden Schottermassen des Talgrundes weiter zum Bach. Während sie gebückt über das Geröll schritten, um nach geeigneten Steinen auszuspähen, warf Asahel hin: »Eigentlich ist es doch seltsam, daß sich unter diesen Ungläubigen so viele riesenhafte Recken finden.« »Du hast recht«, stimmte Ben Isai bei, »die meisten Männer dieses Volkes sind um ein Haupt größer als die Unseren.« Er blieb, einen faustgroßen Kiesel in der Hand, stehen und blickte in die Ferne. »Woran denkst du?« fragte Asahel. Der Blick Davids fand aus der Weite zurück, fest antwortete nun der Sohn Isais: »Sie sind anders als wir, ganz anders!« Er wurde lebhafter, als er fortfuhr: »Mein Vater hat mir viel von ihnen erzählt. Sie sind noch nicht allzulange hier im Lande. Als der Herr unseren Ahnen Abram aus Ur hierher in das ihm zugelobte Land führte, da wohnten hier nur die Keniter. Auch Isaak, Jakob und Joseph haben keinen dieser Riesen je gesehen. Erst Moses erfuhr durch seine Kundschafter von ihnen, und unter Josua traten die zwölf Stämme dann den ungläubigen Riesen Auge in Auge gegenüber.« »Woher mögen diese Fremden wohl gekommen sein?« sann Asahel. David machte mit der Hand eine weitausholende Bewegung. »Irgendwo da draußen am Rande der Welt soll ihre Heimat gewesen sein. Kälter wehen dort die Winde, und blasser soll da die Sonne scheinen.«[5] »Ah, daher haben diese Ungläubigen eine so helle Haut?« »Das mag wohl sein«, nickte Ben Isai, »wie ja auch viele von ihnen so fahles Haar haben. Wirklich, dort draußen am großen Meer, auf dem die Erdscheibe schwimmt, müssen sie gewohnt haben. Dann kamen, wie manche behaupten, ein gewaltiges Erdbeben und eine furchtbare Sturmnacht, in der die Meeresfluten dies Land verschlangen. Was sich aus dieser Heimsuchung retten konnte, begab sich auf die Wanderung. Immer weiter nach Süden zogen sie, bis sie unser blaues Meer erreichten. Über die Inseln kamen sie an unsere Küsten, wollten noch weiter, Mizraim bezwingen, doch da besiegte sie in der entscheidenden Schlacht der große Pharao. Mein Vater Isai kannte einen Pelischti, von dem er oft kunstvolles Eisengeschmiede erworben hatte. Dieser Pelischti hat ihm von einer großen Seeschlacht erzählt, die vor Mizraims Küste stattfand und in der ein großer Teil des Nordvolkes vernichtet wurde. Es ist nur gut, daß bloß der Rest dieses Volkes hier an unsere Gestade gespült wurde und sich in den fünf Städten niederließ.«

Asahel wog nachdenklich zwei Steine vergleichend in den Händen, sagte dann: »Ja, diese Pelischtim machen uns schwer zu schaffen. Wie sollten wir uns gegen sie behaupten, wenn sie zahlreicher wären?« Er legte den Kopf auf die Seite und fragte aus Gedanken heraus: »Seltsam, daß sie aber die Sprache dieses Landes reden?« »Das ist erst seit et-

[5] Die *Philister* tauchen erst im 13. Jh. v.Chr. auf. Sie sind offenbar ein Volk nördlicher Herkunft. Um 1295 mußte der Pharao Ramses III. alle Kräfte seines Reiches aufbieten, um die Philister in zwei entscheidenden Schlachten abzuwehren. Sie ließen sich darauf an der Küste Kanaans nieder und gaben dem Lande Palästina seinen Namen.

wa zwei Menschenaltern der Fall«, gab David zurück. »Noch heute sollen die Alten, wenn sie unter sich sind, eine fremde, barbarische Sprache gebrauchen. Daß sie wirklich Fremdlinge hier sind, ist ja auch deutlich an ihren Göttern zu erkennen.« »Ich denke, sie verehren wie die anderen Gojim[6] auch die Baalim und Ascheren?« warf Asahel überrascht ein. »Auch die!« gab David zu. »Doch sie haben diese Götter erst von den Hiesigen angenommen, so wie sie deren Sprache im Lauf der Zeit übernahmen. Aber noch immer beten sie zu Göttern, die sonst kein anderes Volk hier kennt.« »Ah, du denkst an Dagon!«[7] rief Asahel. »Ja, diesen Namen erwähnte meine Mutter, als sie mir die Geschichte des Priesters Eli und seiner Söhne erzählte. Richtig, ganz anders sollen die Tempel und Altäre dieser Philister sein als die der übrigen Heidenvölker.«

Ein schriller Pfiff ließ sie aufhorchen. Der Kopf Eleasars erschien droben über der Felsenkante. »Naht Gefahr?« rief Asahel hinauf. »Nicht unmittelbar«, kam die Antwort zurück. »Doch die Philister kommen aus dem Lager. Der Riese hat sich bereits weiter unten zum Bach begeben, will wohl wie in den Tagen zuvor zum Lager Israels hinüber, um dort erneut seine Herausforderung auszuschreien. Wenn er diesseits die halbe Höhe gewonnen hat, kann er auch hier in diese Talwindung hineinsehen. Wir hätten ihn dann zwischen uns und dem Lager. Seht also zu, daß ihr mit eurer Suche zum Ende kommt!« »Es ist gut, Eleasar«, nickte David hinauf, »wir haben einen ansehnlichen Haufen von ungefähr gleichgroßen Steinen beisammen. Wollen jetzt nur noch fünf auswählen, die auch an Gewicht übereinstimmen.«

Er winkte Asahel, daß auch dieser die Steine, die er in seinem Mantelbausch gehalten hatte, ausschütte, und machte sich sodann daran, die herauszusuchen, die ihm am

[6] *Gojim:* Heiden, Nichtjuden.

[7] Vgl. dazu 1. Sam. 5.

passendsten erschienen. »So«, richtete er sich nun auf, »diese fünf hier ähneln sich wie ein Ei dem andern. Laß mich nun noch einige Probewürfe tun!« Er blickte sich suchend um, wies dann auf einen etwa kopfgroßen Stein, der wohl fünfzig Schritt entfernt aus dem Bachwasser ragte. »Da, jener vom Wasser halb überwaschene Stein ist das rechte Ziel!« Er nahm die Lederschleuder aus dem Gürtel, legte den ersten der fünf gleichmäßigen Kiesel in die verbreiterte Schlaufenmitte, wirbelte den Riemen um den Kopf, daß es schwirrte, und ließ ihn nun fliegen. Pitsch! spritzte das Wasser hart vor dem Stein empor. »Zu kurz!« murmelte Asahel, doch David hatte bereits den zweiten Kiesel in die Schlinge gelegt und stand mit weitgespreizten Beinen, die Augen scharf auf das Ziel gerichtet. Mit leisem Singen zischte der Stein davon, ein hartes Klingen dort hinten, und vom Ziel abprallend klatschte das Wurfgeschoß in den Bach. »So war's recht!« lachte Asahel und nickte erfreut Ben Isai zu, der eben den dritten Kiesel loszischen ließ und abermals traf. »Merk dir, wo die Geschosse hinfallen!« mahnte David, während er schon den vierten in die Schleuder tat. »Ich bin jetzt gut auf sie eingeübt, so daß ich mich auf meine Hand verlassen kann. Schade, wenn einer dieser so prächtig ebenmäßigen Kiesel verloren ginge!« »Ich habe mir genau gemerkt, wohin sie fielen!« gab Asahel zurück und jubelte hellauf, da auch das vierte Geschoß haargenau traf. Dann, als auch der letzte Stein das Ziel nicht verfehlt hatte, eilten sie hin und sammelten die fünf Kiesel wieder auf.

Eben hatte David sie in seine Hirtentasche versenkt, als Eleasar sich wieder hören ließ: »Da haben wir's! Die Sonne ist jetzt so hoch gestiegen, daß ihre Strahlen auch hier unten den Talgrund erreichen!« Seine Hand wies den Hang empor. »Seht ihr da oben den Riesen und seinen Schildträger? Er ist jetzt auf Rufweite an das Lager der Unseren heran. Wenn er sich jetzt –« Eleasar unterbrach sich und rief dann ärgerlich: »Na ja, gerade so, wie ich es befürchtet habe! Der Schildträger hat uns bemerkt und seinen Herrn auf uns aufmerksam gemacht!« »Wirklich!« stieß Asahel hervor. »Sie starren auf uns herab und werden uns den Weg abschneiden.« Er ergriff David an der Hand und versuchte ihn mit sich zu ziehen. Doch David wehrte ab: »Ich meine, wir wären aus dem Lager gegangen, um dem Riesen zu begegnen?« »Ja, du vielleicht!« lachte Asahel ärgerlich auf. Er biß sich auf die Lippen, als er in das beherrschte Gesicht Davids blickte. Wie überlegen und ruhig der war! Als wenn da kein Riese wäre und keine Gefahr.

Auch Eleasar schien seinen bisher gezeigten Gleichmut verloren zu haben. Erregt beugte er sich über den Felsabsatz: »Nun eilt schon! Noch können wir dem Riesen entrinnen, wenn wir uns talaufwärts halten. Im Laufen müßten wir ihm über sein!«

»So lauft!« lachte Ben Isai unbekümmert. »Lauft und laßt euch ja nicht fangen!« Er gab Asahel einen Stoß und schrie ihn an: »Lauf, Sohn der Seruja! Ich befehl es dir: Lauf!« Er sah Asahel nach, wie er durch das hochspritzende Wasser davonsprang. David beugte sich vor und starrte mit weitaufgerissenen Augen dem Freunde nach: Stand da nicht inmitten des aufsprühenden Wassers ein Leuchten? Rot, gelb, grün und blau schimmerte es da, verschwand jetzt, als Asahel im Schatten eines Felsblocks dahinsprang, doch nun, da er wieder mitten im Sonnenlicht weiterstürmte, war es wieder da! Der Regenbogen war es! Der Bogen, wie ihn der Herr sonst in die Wolken setzte, wenn er im Gewitter daherzog! Und heute schrieb der Herr sein Zeichen hier unten in die Tropfen des stiebenden Bachwassers? »Der Herr ist herabgestiegen! Er ist wahrhaftig herabgestiegen!« murmelten Davids Lippen. Eine wilde Kraft fühlte er durch seine Arme rieseln. »Ja, der Herr, der sonst in den Wolken dahinfährt, ist zu mir herabgestiegen! Er wird meine Augen scharf machen wie die des Falken und meine Fäuste wacker wie die Pranken des Löwen!«

Weggelöscht war jetzt der Regenbogen, den Asahels flüchtige Sprünge aus dem zerstäubenden Wasser gelockt hatten. Weit hinten schon liefen jetzt die Freunde, strebten nun seitlich den Hang empor. Doch David wandte sich entschlossen um und stieg mit festen Schritten durch das Geröll die sanft ansteigende Talseite empor, dem Riesen entgegen, der da oben auf seinen Spieß gelehnt lauerte. Halb unbewußt hatte Ben Isai den Hirtenstecken aufgehoben, den er vorhin, als er die Steine probte, zur Seite gelegt hatte. Fest stemmte er ihn ein und schwang sich leichtfüßig über den lockeren Boden. Bei jedem Schritt klatschte die Schleuder, die er in den Gürtel geschoben hatte, an seinen Schenkel, während die pralle Hirtentasche schwer gegen seine Hüfte schlug.

Ein höhnisches Lachen dröhnte an sein Ohr. »Ha! Seht mir den Knaben da!« Unwillkürlich verhielt David den Schritt, stand nun mit lauschend geneigtem Kopf. »He du!« gellte seine helle Knabenstimme. »Lachst du grober Klotz gar über mich?« Zornig blitzten seine Augen auf, da er sah, wie der Riese sich vor Lachen an dem in die Erde gepflanzten Spieß hielt.

»Ja, dich meine ich!« keuchte Goliath, indem er sich mit der Linken die Lachtränen aus den Augen wischte. »Hast dich wohl verlaufen, mein Bübchen, und suchst jetzt nach der Mutter?«

»Reiß nur den Mund nicht so weit auf!« kam es zurück. »Gekommen bin ich, dich für deinen Vorwitz zu bestrafen!«

Der Riese hielt den Kopf schief und schien den Worten nachzulauschen. Offensichtlich wußte er nicht, was er von diesem Jungen zu halten habe. Hinter gesenkten Lidern hervor beobachtete er diesen Halbwüchsigen, der da dreist näherkam. War dieser Junge wahnsinnig, daß er es wagte, ihn zu foppen? Hatte ja nicht einmal Schwert und Schild bei sich? Oder bildete er sich etwa ein, dieser Hirtenstab da könne ihm anstelle eines Spießes dienen? Welche Frechheit von dem Bürschchen! Bietet mit vorlauten Reden einem in tausend Kämpfen erprobten Krieger Widerpart? Natürlich, dieser langbeinige Bengel verläßt sich auf seine schnellen

Füße! Na warte! Flinker magst du vielleicht sein, ob aber auch pfiffiger? Sichermachen muß ich ihn, daß er nahe genug herankommt; nicht ahnen darf er, daß ich mich mit ihm nur darum auf dieses Wortgeplänkel einlasse, um ihm im rechten Augenblick meinen Spieß zwischen die Rippen zu jagen. Hm, wird freilich nicht ganz leicht sein! Drahtig und gewandt scheint mir dieses Bürschchen. Triff mal so einen, der schlank wie eine Gerte ist! Noch näher heran muß der Knabe, damit ich ihn ganz sicher habe! – Ha, und da stehe ich nun maulfaul und blöde da! Anstatt zu reden, zu reden und ihn zum Leichtsinn aufzustacheln!

»He du! Bin ich ein Hund, daß du mit einem Stecken zu mir kommst?« Was denn, der Bengel bleibt stehen, kaum daß ich zu sprechen begonnen? Haha, die Angst fährt ihm in die Eingeweide, sobald er nur eine rauhe Männerstimme hört! Mann, geh vorsichtig um mit dem Kleinen! Nicht grob darfst du ihm kommen, sonst treibt ihn die Furcht zurück. Mit spitzen Worten höhnen und stacheln! Das wäre die richtige Art, ihn alle Vorsicht vergessen zu lassen und näher zu locken!

»Ei, lauf nur schnell nach Hause, Bübchen! Hier ist ein böser Mann, der will dich schlachten und den Geiern geben!« Zu welchem Blödsinn gebe ich mich her! Ha, schadet dir gar nichts, Goliath! Was läßt du dich auch mit so einem hergelaufenen Bengel ein! Nur gut, daß die Kameraden nicht hören, welch lächerliche Reden du hier führst! Und dein Knappe? Na, dem werde ich nachher schon das Nötige sagen, damit er den Mund hält.

Einen grimmigen Blick schießt der Riese zu seinem Schildträger hinüber, der dort, zwanzig Schritt zur Seite, abwartend steht und das Lager Israels beobachtet. Ha, er tut wenigstens so, als habe er gar nichts hergehört! Werde mich noch vor dem ganzen Heer lächerlich machen, wenn dieses närrische Getue mit diesem Halbwüchsigen da noch lange weitergeht!

Wie eine heiße Welle schießt es über Goliaths Gesicht.

Mit dem Handrücken schiebt er den Helm aus der Stirn, greift jetzt nach dem Speer, reißt ihn aus der Erde und schwingt ihn hoch. »Komm her, du Fratz, wenn du was von mir willst! Die Schakale sollen sich um deine Knochen streiten und die Geier deine Gedärme über die Steine zerren! Verdammen soll mich Dagon, der Herr der Wogen, wenn ich dir nicht gleich die Zunge aus dem vorwitzigen Maul reiße!«

Wie? Hat dieses Muttersöhnchen wirklich die Frechheit, dir die Stirn zu bieten? Was schreit er da? »Du kommst zu mir mit Schwert, Spieß und Schild; ich aber komme zu dir im Namen des Herrn Zebaoth!« Des Herrn Zebaoth! Was ist das für einer? Der Gott dieser zwergwüchsigen Brut Israel? Ha, ein Gott ist immer so wie die, die zu ihm gehören! Haben wir nicht in hundert Schlachten diese Bastarde besiegt? Hat sich nicht Dagon als stärker erwiesen als dieser Jahwe Zebaoth? Schrei nur weiter, mein Jüngelchen! Ja, schrei nur, ich hör's ja: ». . . daß der Herr nicht durch Schwert noch Spieß hilft!« Recht hast du, Knabe! Nein, er hat keine Kraft, dieser Jahwe Zebaoth! Hatten wir nicht seinen Bundesaltar in der Schlacht gewonnen? Stand diese Lade nicht als Siegeszeichen zu Füßen Dagons? Hm, na ja, daß dann so einiges da im Dagontempel geschah, was beinah unheimlich war –. Ach was! Wenn wir nicht aus freien Stükken diesen seltsamen hölzernen Altar zurückgeschafft hätten, stünde er immer noch als Zeugnis unserer Kraft im Tempel zu Asdod! Schrei nur weiter, Bengel! Schrei nur: »Der Streit ist des Herrn, er wird euch geben in unsere Hände!« Daß ich nicht über deinen Gott lache! So wie ich über dich jetzt lache. Haha! Kaum kann ich vor Lachen noch klar sehen! Ganz verschwommen scheint alles, so schießt mir das Wasser in die Augen! Wie der Bengel da mit der Hand in der Luft herumwirbelt! Sie jetzt hochwirft, als wenn er –

Ein dumpfer Schlag! Eine schwarze Welle brandet vor Goliath auf, schwemmt über ihn hin, reißt ihn nieder. Er hört noch den Schild auf die Steine klirren, doch das ist schon ganz weit weg! Und nun ist nichts mehr da, nur Nacht, Nacht –

Wie ein Schrei gellt es droben auf dem Lagerwall aus hundert Kehlen auf! »Goliath!« »Er fällt!« Sie drängen sich vor, stoßen einander aufgeregt in die Seite, schreien wild, alle auf einmal: »Seht Ben Isai! – Sein Schleuderstein traf den Riesen!« »Hast du's gesehen? Haargenau vor die Stirn!« »Da: Jetzt läuft er hin! Ho! Goliaths Schwert reißt er hoch!« »Hui, ein Schlag! Mann, des Riesen Haupt hat er da in der Hand!«

Ein Funke springt von Mann zu Mann, Augen werden hell und Fäuste fest! »Jahwe und seine Heerscharen!« Irgendwer hat es geschrien, tausend andere nehmen den Schlachtruf auf: »Jahwe und seine Heerscharen!« Es ist, als stünde die Sonne still! Ein Brausen steigt zum Himmel auf: »Jahwe Zebaoth! Jahwe Zebaoth!« Und nun ergießt sich's über den Wall, schwemmt in breiter Welle über die Bergflanke herab, brandet schon über den Bach hinweg, prallt auf das Heer der verwirrten Pelischtim, wirbelt sie herum und treibt sie vor sich her, wie dürre Blätter auf ziehendem Strom. »Jahwe Zebaoth« klingt's fern und immer ferner. »Jahwe Zebaoth!« Ein sieghaftes Jauchzen ist's, ein jubelnder Lobgesang.

Der listige Arkiter

»Und es wird doch einmal der Tag kommen, an dem der Herr uns aus der Hand der Ungläubigen errettet!« Der junge Mensch, der die Worte hervorgestoßen hatte, sah den ältesten Hirten herausfordernd an. Doch der schlug nur müde mit der Hand durch die in der Mittagsglut zitternde Luft und versetzte, ohne den Jüngeren anzublicken: »Du redest, Elhanan Ben Dodo, wie es nun einmal das Vorrecht der Jugend ist.« Er seufzte leise. »Als ich noch jung war, da dachte ich auch wie du. Und ich wartete mit der ganzen Sehnsucht meines Herzens auf einen neuen Gideon.«[8] Seine Stimme wurde tonlos. »Doch ich habe vergebens geharrt. Israel hat noch nicht genug gebüßt, Jahwe zaudert noch, seinem Volke zu helfen.«

Der Kahlköpfige, der ihm zur Seite saß, wies hinüber zu der Steinpyramide, die sich drüben unweit der Straße, die von Bethlehem nach Jerusalem führte, klobig erhob: »Rahel, unser aller Mutter, mußte sterben, als sie ihrem jüngsten Sohne Benjamin das Leben gab. Nun ruht sie dort, wo sie ihren letzten Atemzug tat und wo unser Vater Jakob sie beisetzte. Ihr letzter Blick fiel auf Benjamin, aus dessen Stamm der König Saul entsproß, der jüngst bei Ephes Dammim die Philister schlug.«

»Nicht Saul schlug die Ungläubigen!« fiel ihm leidenschaftlich Elhanan in die Rede. »David Ben Isai war's, der den Riesen Goliath tötete! Hört, ihr Männer: David aus Bethlehem war der Schrecken, der über die Feinde kam!«

»Nun ja, wir wissen!« winkte der Kahlköpfige gelangweilt ab. »Dein Bruder Eleasar wußte ja nicht genug zu erzählen von dem, was er dort im Feldlager erlebt hatte. Immer wieder singt er das Ruhmeslied dieses David Ben Isai. Aber wartet nur ab: Übers Jahr werden die Ungläubigen wieder ins Land brechen, unsere Herden fortführen und Scharwachen in unsere festen Orte legen! Nein, Saul war kein Gideon, und David wird erst recht keiner sein!«

»Er wird's!« Doch Elhanans Begeisterung fand bei den anderen keinen Widerhall, wie des Alten bittere Erwiderung sogleich zeigte: »David hat Glück gehabt, als er mit dem Stein seiner Schleuder den Riesen gerade vor die Stirne traf. Glück aber, das weiß ich aus der Erfahrung meines langen Lebens, ist so treulos wie –«, er suchte nach einem passenden Bilde, »– nun, wie der Wind! Heute kommt er vom Meer und bringt die Wolken des Regens, morgen

[8] Vgl. dazu Richter 6,11–8,32.

schon weht er heiß aus der Wüste, und alles verdorrt.«

»David hat nicht bloß Glück gehabt«, ereiferte sich Elhanan, »der Herr war mit ihm!«

»Das hat auch Saul in früheren Tagen von sich behauptet.« Der Alte lächelte schmerzlich. »Doch dann, als ihn das Glück verließ, eine Feste nach der andern in die Hand der Philister fiel, da vergaß er diese Rede. Er scheute sich, jetzt auszusprechen: Der Herr hat seinen Knecht, den König, verlassen.«

»Und ich fürchte«, setzte der Kahlkopf hinzu, »auch mit diesem David wird's nicht viel anders gehen. So ist nun einmal die Jugend: Lächelt ihr das Glück, so meint sie, der Herr selber segne seine Auserwählten; erlebt sie dann, wie launisch das Glück ist, so verliert sie ihren Glauben an den Herrn oder nennt ihn gar ungerecht und wetterwendisch! Doch lassen wir das Streiten!« Er wies auf den Weg, der sich von Bethlehem her auf dem Kamm des Gebirges heranzog. »Nenne einen Menschen bei seinem Namen, und du zwingst ihn mit deinem Geist leibhaftig herbei! Eben sprachen wir noch von deinem Bruder Eleasar, und dort hinten kommt er schon!«

»Sollte das wirklich Eleasar Ben Dodo sein?« warf zweifelnd der Alte ein. »Zu groß scheint mir der da für den Knaben.«

»Du hast meinen Bruder seit mehreren Monden nicht gesehen«, lächelte Elhanan, »sonst würdest du wissen, wie sehr er in der letzten Zeit gewachsen ist.« Ein breites Schmunzeln ging über sein Gesicht. »Nicht nur Eleasar ist gleichsam über Nacht ein Mann geworden, auch David ist kein Knabe mehr. Ihr nennt mich Elhanan, den Bären. Doch an jenem Tage, da die beiden Knaben auf Isais Geheiß ins Feldlager zogen, rang David zum Scherz mit mir. Erst war's ein Spaß, wie schon so oft, aber dann spürte ich, wie seine Kraft gewachsen ist. Ich nahm alle meine Stärke zusammen, es war kein scherzhaftes Rangeln mehr, wie's unter Knaben üblich ist, es war ein Kampf zwischen Männern, die ihre Kräfte messen. Und, nun ja, ich muß sagen: Er warf mich, zwei-, nein, dreimal!«

»Wie, der jüngste Sohn Isais warf dich, den Bären von Ephrata?«

»Wenn ich ein Bär bin, so ist dieser David ein junger Löwe!« sagte Elhanan ohne eine Spur von Neid.

»Juda ist ein junger Löwe. Wer will sich wider ihn auflehnen?« Der Alte hatte es versonnen ausgesprochen, erklärte nun, da ihn die andern nicht zu verstehen schienen: »Unser Vater Jakob sprach diese Worte, als er sterbend seine zwölf Söhne segnete. Ja, er verhieß Juda, unserem Stammvater, noch mehr: Es wird das Zepter von Juda nicht genommen werden noch der Stab des Herrschers von seinen Füßen, bis daß der Held komme; und demselben werden die Völker anhangen!« Er machte eine nachdenkliche Pause, sprach dann wie zu sich selbst weiter: »Der Stamm Benjamin führt jetzt das Zepter, aber die Völker hangen dem König Saul nicht an! Sollte da vielleicht doch einer im Stamme Juda sein, der berufen ist, das Zepter zu führen?«

»Der Löwe aus Juda!« fiel Elhanan lebhaft ein.

»Aber wer ist er?« bohrte der Alte. »Gewiß, einst raunte der Seher Bileam, der Mann, dem die Augen geöffnet waren: Es wird ein Stern aus Jakob aufgehen und ein Zepter aus Israel aufkommen und wird zerschmettern die Fürsten der Moabiter und alle Kinder des Getümmels!«

»Die Kinder des Getümmels! Das sind die Philister!« jauchzte Elhanan. »David hat –« Er brach jäh ab, da eine fast heftige Handbewegung des Alten ihn schweigen hieß. »David?« kam es jetzt grollend aus des Alten Brust. »David ist ein –«

»Ein junger Löwe!« fiel ihm Elhanan ins Wort.

»Die Jugend schweige, wenn das Alter spricht!« wies ihn der Alte zurecht, fuhr dann fort: »Er mag meinetwegen ein junger Löwe sein, aber ob er der Löwe ist, von dem unser Vater Jakob sprach? Ob er der Stern ist, den Bileam verhieß?« Er hob zweifelnd die Hände und schloß: »Warten wir ab, wie es dem Herrn gefällt! Er kann erheben in die Himmel; er kann auch verstoßen in die Hölle. Wir alle, auch dieser junge – Löwe, stehen in des Herrn Hand!«

Er hob, da Eleasar jetzt zu ihnen trat, grüßend die Rechte zur Brust: »Friede sei mit dir, Eleasar Ben Dodo!« Ehrfurchtsvoll beugte sich der Jüngling vor dem Alten: »Der Friede des Herrn sei auch mit dir und den Brüdern!«

»Du kommst gewiß, um uns neue Taten deines Freundes David Ben Isai zu erzählen?« Der Alte hatte die Frage mit einem spöttischen Lächeln ausgesprochen, doch Eleasar gab keine Antwort. Er spähte vielmehr angestrengt nach Norden, so daß auch die anderen unwillkürlich ihre Blicke dorthin richteten.

»Ein Reiter?« ließ sich Elhanan vernehmen. »Wird wohl ein Jebusiter sein!«[9]

Schweigend blickten sie dem Näherkommenden entgegen, bis man das Gesicht des Mannes unter dem weißen Kopftuch erkennen konnte. Eleasar unterbrach die Stille: »Nein, das ist kein Jebusiter. Wo habe ich nur diesen Mann schon gesehen? Ah, war's nicht im Heerlager? Richtig, einer der Räte ist es, wie mir die Söhne der Seruja versicherten.«

Der Fremde hatte jetzt das Grabmal Rahels erreicht, erblickte die rastenden Hirten und lenkte sein Tier herüber. Musternd überflogen seine Augen die kleine Gruppe, grüßend hob er dann die Hand gegen den Ältesten:

»Friede sei mit dir, ehrwürdiger Vater! Bist du von Ephrata?«

»Friede sei auch mit dir, Fremdling! Du hast recht geraten, meine Hütte steht zu Bethlehem.«

[9] Die Urbevölkerung des Landes waren die *Kanaaniter*, zu denen auch die Jebusiter gehörten. Kulturell und zivilisatorisch waren die Kanaaniter den Israeliten überlegen. Sie huldigten aber einem Götzendienst (Baal, Moloch, Astarte u.a.), bei dem sogar Menschenopfer üblich waren. Kein Wunder daher, daß die Israeliten diese Religionen als »Greuel« ansahen und mit allen Kräften bekämpften. (Vgl. dazu 4. Mose 33,51–56; 5. Mose 7,5ff; 11,23ff; Jos. 1,3; 2,9; Kap. 8–9.)

»Ich danke dir und bitte dich, deinem Knecht Husai Auskunft zu geben, wo er das Haus Isais findet.«

»Husai ist dein Name?«

»Husai bin ich, ein Arkiter.«[10]

»Und Rat des Königs Saul!« fiel Eleasar ein. Erstaunt fragte der Fremde zurück: »Woher kennst du mich, junger Freund?«

»Ich sah dich neben dem König, als ich mit David im Heerlager war.«

»So bist du der Junge, der David begleitete? Nun, dann bin ich an der rechten Quelle: Ich will Isai aufsuchen, um jenem David eine Botschaft des Königs zu überbringen. Hast du Zeit, mich zum Hause deines Freundes zu geleiten?«

»Er mag dich führen, Husai«, versetzte der Alte, der Eleasars fragenden Blick verstanden hatte.

Husai wandte, nachdem er mit einem leisen Neigen des Kopfes gedankt hatte, sein Tier und lenkte es wieder dem Weg zu, während Eleasar mit leichten Schritten nebenher trabte.

»Du bist hier in Ephrata gebürtig?« forschte Husai.

»Ja, ich bin ein Sohn des Bethlehemiten Dodo; der Große, neben dem ich vorhin stand, ist mein älterer Bruder Elhanan.«

»Schön ist deine Heimatstadt!« versetzte der andere. Er ließ den Blick von der Höhe des Weges über die in Terrassen sich steil gegen Morgen senkenden Hänge des Gebirges gleiten und sagte dann: »Weit sieht man von hier ins Land.« Er hob die Hand und wies nach Osten: »Dort in der Tiefe schimmert wie ein Tiegel geschmolzenen Bleies das Meer, in dem einst Sodom und Gomorra versanken.«

Der Junge nickte: »Man möchte meinen, es in zwei oder drei Stunden erreichen zu können, so klar ist die Luft. Aber der Schein trügt: Zu viele Schluchten legen sich in den Weg, so daß man große Umwege machen muß. Wir würden fast

[10] Die *Arkiter* gehörten auch zur Urbevölkerung des Landes.

zwei Tage brauchen, um das Tote Meer zu erreichen.« Er sah den Reiter prüfend an, sprach dann den Gedanken, der ihm gekommen war, aus: »Bist du schon einmal dort gewesen?«

»Wie sollte ich nicht das Land meiner Väter kennen!« gab Husai zurück. Wie eine Wolke legte es sich für einen Augenblick über sein scharfgeschnittenes Gesicht, als er hinzusetzte: »Als Israels Stämme über den Jordan kamen, wohnten meine Väter schon hier im Lande.«

»Ich weiß«, fiel Eleasar eifrig ein, »ihr Arkiter seid Söhne Kanaans und wohntet schon hier, bevor unser Vater Abraham unter den Palmen des Haines Mamre seine Hütte baute.« Er wollte dem Gast etwas Freundliches sagen, fügte darum rasch hinzu: »Du brauchst nicht zu denken, daß ich die Kanaaniter verachte, wie es so mancher meiner Stammesbrüder tut. Sieh mal, auch mein Freund David, zu dem ich dich geleite, hat fremdes Blut in seinen Adern, und doch –«

»David Ben Isai ist nicht reinblütiger Israelit?« fiel überrascht der andere ein.

»Du glaubst es wohl nicht?« Eleasar sah zu dem Reiter auf, erklärte dann: »Isai ist ein Sohn Obeds, dieser aber stammte von Boas, der die Moabiterin Ruth zum Weibe nahm!«[11]

»Sieh einmal an!« erwiderte nachdenklich Husai. »Das wußte ich freilich nicht, daß auch moabitisches Blut in den Adern Isais fließt.«

Eleasar wies nach links, wo auf einer der tiefer gelegenen Terrassen reiche Kornfelder im Winde wogten: »Da unten liegen die Äcker Isais. Dort traf sein Großvater Boas die Moabitin Ruth, die hinter seinen Schnittern her Ähren las. Du mußt wissen«, fügte der Junge gewichtig hinzu, »daß sie Witwe war und aus treuer Freundschaft Naemi, der Mutter ihres verstorbenen Gatten, aus dem Moabiterlande hierher

[11] Vgl. dazu das Buch Ruth. Die dort geschilderte Ruth, eine heidnische Moabiterin, ist über Obed und Isai die Urgroßmutter Davids.

gefolgt war. Da der Tote mit Boas entfernt verwandt gewesen war, nahm Boas nun Ruth zum Weibe.«

»Das hört sich beinahe wie eine Liebesgeschichte an!« lächelte Husai.

»Es ist aber wirklich so gewesen!« beteuerte Eleasar. »David selbst hat mir doch diese alten Geschichten erzählt.«

»Nun, dann wird es wohl auch so gewesen sein!« Husai nahm sein Pferd härter in den Zügel, da der Weg sich jetzt scharf zum Stadttor hin krümmte. Weinberge und grüne Gärten reichten dicht an den Pfad heran, und golden stand üppiger Weizen auf fruchtbaren Äckern.

»Ephrata, die Fruchtbare!« Husai hatte es aus staunendem Schauen heraus vor sich hin gesagt, laut setzte er nun hinzu: »Sooft ich über Bethlehems Gefilde reite, steigt es wie ein tiefes Glück aus meinem Herzen empor. Wahrlich, Eleasar Ben Dodo, deine Heimatstadt ist die Perle Judas!« Er hob die Hand: »Auch der Ort selbst, wie er dort auf den beiden Hügeln und dem sie verbindenden Bergsattel liegt, darf den Anspruch erheben, eins der schönsten Städtchen zu sein.«

Eleasar gab, da es jetzt zum Stadttor hinauf ging, keine Antwort, aber seine Augen leuchteten, als er den Fremden Bethlehem so rühmen hörte. Stolz wies er ihm in den Gassen die Häuser der alten Geschlechter, um endlich vor einem breiten Tor den Schritt zu verhalten: »Hier wohnt Isai, den du suchst. Laß mich eilen, ihm deinen Besuch anzukündigen!« –

Angenehm kühl war es in der halbdunklen Halle, in der nun, nachdem man dem Gast die Füße gewaschen, Husai auf einer der hingebreiteten Decken dem Hausherrn gegenüber Platz genommen hatte. Über den Hof, zu dem hin die Halle sich öffnete, waren weiße Leinentücher gespannt, so daß die Sonne hier nicht einzudringen vermochte.

Isai brach mit eigener Hand das flache Weizenbrot, um es dem Gast zu reichen, mischte nun Wasser und hellroten

Wein und schenkte ihn Husai ein. Auch als sie dann dem frisch gebratenen Hammel zusprachen, stellte der Hausherr keine Frage nach dem Zweck des Besuches. Über die bevorstehende Ernte sprachen sie und von den Taten der Väter.

Erst als sie sich nach dem Mahle die Hände gewaschen, nahm das Gespräch die Wendung, die dem Arkiter Gelegenheit gab, sein Anliegen vorzubringen:

»Ich hoffe, Isai Ben Obed, deine Söhne haben sich von den Entbehrungen des Feldzuges gut erholt?«

»Ich danke dir für deine Nachfrage, Gast meines Hauses! Ja, sie gehen ihrer Arbeit wieder nach, wie sie es von jung auf gewohnt sind. Du kennst meine Söhne?« Isai hatte die Frage leichthin gestellt, aber scharfsinnig spürte Husai, daß hinter ihr der Wunsch stand, mehr zu erfahren. Mit feinem Lächeln erwiderte darum der Arkiter: »Ich sah sie im Feldlager Sauls. Besonderen Gefallen aber fand ich an deinem jüngsten Sohn!« Er blickte jetzt den Hausherrn offen an, um zu prüfen, ob er sogleich seinen Auftrag, der ihn nach Bethlehem geführt hatte, vorbringen solle.

»Du meinst David?« Isai wiegte den Kopf. »Mir scheint, man macht von dem Jungen zu viel her. Daß er den Philister erschlug? Nun ja! Mitunter reißt auch ein junger Löwe eine vorwitzige Gazelle!«

»Du bist zu bescheiden«, lächelte Husai. »Hättest du jenen Riesen gesehen, du verglichest ihn nicht mit einer Gazelle! Und was deinen Sohn betrifft? Nun, ein junger Löwe war er an jenem Tage nicht! Eher ein hungriger Löwe, der auf Raub ausgeht.«

»Es ist nicht gut, jungen Leuten Schmeicheleien zu sagen«, wehrte Isai ab.

»Darin stimme ich dir zu«, nickte Husai, »doch David ist nicht hier. Und da er selber uns nicht hören kann, dürfen wir ihn schon rühmen. Übrigens«, Husai beugte sich lebhaft vor, »weiß dieser junge Löwe nicht nur mit der Schleuder trefflich umzugehen, er –«

»Er versteht es auch, den Mädchen schöne Augen zu machen!« fiel Isai fast ärgerlich ein. Doch der Arkiter lachte nur: »Das zu beobachten fand ich leider im Feldlager keine Gelegenheit. Nein, etwas anderes wollte ich sagen: Meisterlich weiß er die Laute zu schlagen!« Husai schmunzelte. »Ich kann es verstehen, wenn die Mädchen stehen bleiben, um auf seinen Gesang zu lauschen! Selten nur hörte ich eine so volle und klangreine Stimme! Selbst unsere Krieger wurden still, wenn David Ben Isai sang. Und abends, wenn die Lagerfeuer brannten, holten sie ihn in ihren Kreis: Sing uns ein Lied von Gideon! Besinge Simsons Heldentaten! Ein Spottlied über Goliath! Selbst König Saul, auf den der Herr einen bösen Geist gelegt hat, wurde dann friedlich und stand mit träumenden Augen.«

Isai hob den Kopf: »Was ist mit dem König?«

Husai zuckte die Schultern: »Ich sagte ja: Einen bösen Geist hat der Herr in des Königs Herz gegeben. Unruhig treibt es den König umher; nachts fährt er auf von seinem Lager, läuft wie gehetzt dann durch die Nacht; und kommt der Tag, so ist er übermüdet und abgespannt, scheint mit offenen Augen zu träumen. Wehe, wenn ihm dann jemand widerspricht! Er bricht los in rasendem Zorn, wird selbst gegen die besten Freunde maßlos und ungerecht.«

»Ist es schon lange so mit ihm?« fragte Isai.

Husai schüttelte den Kopf: »Nein, es kam über ihn, wie das Gewitter über das Land fährt. Es war am Tag, da der erste Frühregen fiel, als der böse Geist zum ersten Mal nach Sauls Herzen griff.«

»Am Tag, da der erste Frühregen fiel?« Isai hatte fast betroffen die Worte hervorgestoßen, so daß Husai rasch aufblickte, um den Hausherrn prüfend zu mustern. Was war mit dem Bethlehemiter? Zeigte sein Gesicht nicht den Ausdruck höchster Überraschung, als sei er auf eine merkwürdige Übereinstimmung gestoßen?

»Du wunderst dich über den Zeitpunkt?« forschte der Arkiter vorsichtig.

Doch Isai schüttelte nur den Kopf, als er erwiderte: »Nein, nein, es kann da kein Zusammenhang bestehen!«

»Ich verstehe nicht?« bohrte Husai.

Isai sagte mit einem Lächeln, als wolle er sich für eine Torheit entschuldigen: »Gerade an jenem Tage war der Alte von Rama mein Gast!«

»Samuel?«

»Ja, er! Er saß auf dem Platz, den du jetzt einnimmst.«

»Was führte ihn zu dir?«

»Samuel kam zu mir, um mit mir und meinem Hause dem Herrn ein Opfer zu bringen.«

Husai hatte den Kopf gesenkt, so daß Isai sein Gesicht nicht erkennen konnte, als der Arkiter jetzt fragte: »Sprach der Seher auch deine Söhne?«

»Natürlich!« gab Isai überrascht zurück. »Doch warum fragst du danach?«

»Ich will mit dir offen reden!« Husai hatte sich aufgerichtet und sah Isai frei ins Gesicht. »Sieh, mein Freund, es könnte ja sein, daß der Prophet, um mit deinem Sohn David zu sprechen, hierher gekommen war?« Er bemerkte, daß Isai ihn erstaunt musterte, fuhr aber unbeirrt fort: »Als Rat des Königs habe ich meine Ohren überall, weiß daher auch, was Joab seinen Brüdern anvertraute.«

»Jaob, mein Enkel?«

»Ja, der Seruja Sohn! Ich bemerkte, daß er ein geradezu grenzenloses Vertrauen auf David setzte, als dieser sich anschickte, den Riesen zu bestehen. Wie kam er dazu, dem Jungen den Sieg zuzutrauen? Ich mußte es wissen!« Er lehnte sich zurück, sagte dann leise: »Nun, meine Bemühungen waren erfolgreicher als die des Feldherrn Abner!«

»Was, auch Abner kümmert sich um David?« Isai hatte die Stirn gerunzelt, blickte jetzt fast feindselig zu Husai hinüber. »Allerdings«, erwiderte der Arkiter leichthin, »auch Abner suchte das Geheimnis, das um David ist, zu ergründen, fing es allerdings verkehrt an, als er Joab auszufragen trachtete. Der Sohn der Seruja ließ ihn, den Feldherrn, einfach stehen! Sollte mich nicht wundern, wenn von nun an Feindschaft zwischen diesen beiden ist!«

»Was weißt du von dem Geheimnis, das über David schweben soll?« Isai hatte es schroff gesagt, doch Husai versetzte gleichmütig: »Nun, es gelang mir, der Sache auf die Spur zu kommen.« Er schwieg und sah Isai prüfend an, sagte dann kurz: »Samuel hat David hier in deinem Hause – gesalbt!«

Isai war aufgesprungen, starrte Husai, der gleichmütig sitzen geblieben war, an, stieß dann hervor: »Wer sagt das?« Und dann, da der Arkiter noch immer schwieg: »Was soll das heißen? Sprich!«

Langsam erhob sich Husai und legte die Hand auf Isais Schulter: »Was bedeutet es denn, wenn einer in Israel gesalbt wird?«

Isai war zwei Schritte zurückgetreten, stand schweigend mit undurchdringlichem Gesicht.

Husai warf einen raschen Blick umher, sagte dann, als er sich überzeugt hatte, daß keiner der Diener sie hören konnte: »Und doch ist es so! Eleasar Ben Dodo ist ungewollt Zeuge der Salbung gewesen. Aus seinem Munde weiß es Joab, der es seinen Brüdern anvertraute. Wie ich es erfuhr?« Er winkte mit der Hand ab. »Ein Rat des Königs muß seine Ohren überall haben, wenn er sich am Hofe behaupten will. Aber lassen wir das! Genug, daß ich weiß, was mit David Ben Isai geschehen ist – und geschehen wird!«

Er sah, daß Isai sich erschöpft auf der Matte niederließ, und nahm darum auch wieder Platz, sagte dann: »Ein Baum, der wachsen soll, muß rechtzeitig an den Ort gepflanzt werden, wo er groß werden kann!« Knapp und gemessen verkündete er nun: »Darum bin ich hier! Ich will David nach Gibea holen!«

»Nach Gibea, an den Königshof Sauls?« flüsterte Isai. Besorgnis trat plötzlich in seine Augen: »Saul wird ihn umbringen, wenn er erfährt, was du weißt!«

Doch Husai schüttelte lächelnd den Kopf: »Saul weiß

nur, daß ich den Jungen nach Gibea hole, damit er durch sein Saitenspiel das trübe Herz des Königs erheitere.«

Isai neigte sich vor, sah dem Arkiter tief in die Augen und fragte: »Versprichst du mir, über den Jungen zu wachen?«

Feierlich legte Husai die Rechte an seinen Bart: »Ich werde auf David achten, als wäre er mein eigener Sohn!« Er sah, wie der Hausherr erleichtert aufatmete, und fragte nun, wobei ein Lächeln um seine Augen spielte: »Ich werde schon um meiner selbst willen ihn nicht zu Schaden kommen lassen. Du siehst mich erstaunt an? Nun, vielleicht handle ich nur aus Eigennutz? Vielleicht bin ich nur darum hergereist, um dem kommenden – König den Weg zu bereiten und ihn mir auf diese Weise beizeiten geneigt zu machen?«

Abwägend blickte Isai den Arkiter an, dachte bei sich: Du bist zu klug, Husai, um eitel zu sein! Vielleicht ist es aber wirklich so oder ähnlich, wie du da andeutest? Laut jedoch sagte er:

»Ich danke dir! Nun geh' und pflege der Ruhe, dich von dem Ritt zu erholen. Ich habe die Diener angewiesen, dir oben ein Lager zu bereiten. Es steht dir frei, dich dort nach Belieben unter den Rankengewächsen, die schon mein Vater auf dem Dach pflanzte, zu ergehen oder dich in dem kleinen Gartenhäuschen niederzulegen.«

Er klatschte in die Hände, worauf ein Diener erschien, dem er Weisung erteilte, den Gast hinaufzugeleiten. »Wenn du dich erquickt hast, wird David, der jetzt draußen auf dem Felde ist, hier sein. Er mag dich dann begleiten zu deinem Herrn!« –

Kaum hatte der Arkiter die Halle verlassen, als Isai seinen vertrautesten Diener kommen ließ: »Rufe mir sogleich Joab!«

In tiefes Nachdenken versunken, schritt Isai, als der Diener gegangen war, durch den Hof. Erst die leichten Tritte Joabs scheuchten ihn aus seinem Sinnen auf. Mit gerunzelter Stirn blickte der Alte auf den Jüngling, der mit ehrfürchtigem Gruß sich vor ihm verneigte.

»Sage mir alles, was du über die Begegnung weißt, die Samuel mit David hier in meinem Hause hatte!« So unvermittelt sprang die Frage den jungen Krieger an, daß dieser trotz der ihm eigenen Selbstbeherrschung unwillkürlich einen Schritt zurücktrat. Unverhohlene Abwehr malte sich auf seinem Gesicht, so daß Isai fast drohend sagte: »Versuche nicht, meiner Frage auszuweichen! Schlimm genug ist es, daß schon Fremde wissen, was geschehen ist.«

»Fremde?« In Joabs Augen blitzte es zornig auf. »Woher wissen Fremde, was Samuel mit David tat?«

»Das könnte ich dich fragen!« erwiderte Isai betont. »Jedenfalls hat der, aus dessen Mund ich's erfuhr, es von dir oder deinen Brüdern gehört!«

»Das ist nicht möglich!« Joab stand in tiefem Nachdenken, sprach leise, wie zu sich selbst: »Ich habe, was mir Eleasar Ben Dodo verriet, keinem Fremden anvertraut. Nur mit meinen Brüdern sprach ich darüber; es war in der Nacht, bevor David den Riesen schlug. Wir lagen im Zelt, Seite an Seite. Abisai und Asahel waren voller Sorge um den kommenden Tag. Um sie zu beruhigen, raunte ich ihnen in knappen Worten zu, was ich kurz zuvor Eleasar entlockt hatte.« Er schüttelte den Kopf, als er fortfuhr: »Ich könnte meine Rechte dafür ins Feuer legen, daß meine Brüder es nicht weitergeplaudert haben.« Er sah den Großvater offen an: »Sie haben mir bei unseren Vätern gelobt zu schweigen, bis die Zeit erfüllt ist!«

Lange stand Isai in Schweigen versunken da, bis er endlich sich hören ließ: »Asahel ist ein Füllen, schnellfüßig und unüberlegt, aber daß er ein Wort bricht, das traue ich ihm nicht zu. Und Abisai ist schon gar nicht einer Untreue fähig!« Er hob den Kopf. »Doch sag, wäre es nicht denkbar, daß sie belauscht wurden, als sie sich später einmal darüber besprachen?«

Joabs Gestalt hatte sich gereckt: »So mag es sein! Ich entsinne mich: Es war in der Nacht nach dem Kampf, als ich vom Wachdienst zurückkehrte und eine Gestalt hinter unserem Zelte sah. Ich achtete damals nicht darauf, weil infolge der reichen Beute viele Angetrunkene durch die nächtlichen Lagergassen taumelten. Doch nun wird mir der Zusammenhang deutlich! Ja, Abisai und Asahel sprachen, als ich gleich darauf ins Zelt trat, über Davids Berufung, schrieben ihr es zu, daß er über Goliath triumphierte.« Joab neigte den Kopf, fragte dann ehrfürchtig: »Darf ich den Vater meiner Mutter bitten, mir den Namen jenes Fremden zu nennen, der um das Geheimnis weiß?«

»Husai!« Isai hatte kaum den Namen ausgesprochen, als Joabs Hand in den weiten Mantel fuhr, unter dessen Falten sich der Griff eines Dolches abzeichnete.

»Der Arkiter?« Fast zischend kam die Frage.

»Ja, der Rat des Königs Saul!«

»Sollte er in jener Nacht dort hinter dem Zelt gelauscht haben?«

»Entweder er selbst oder einer seiner Vertrauten«, nickte Isai.

»Und er, er sprach zu dir davon?«

»Er sagte mir nicht gerade, daß er gelauscht habe, aber nun, nach deinen Worten, möchte ich fast annehmen, daß er auf diese Weise davon erfuhr.«

»So muß er sterben!« Eine grimmige Entschlossenheit spiegelte sich auf Joabs Gesicht wider, so daß Isai begütigend die Hand auf den Arm des Jünglings legte und in beschwichtigendem Tone sagte:

»Bezähme dich, Sohn meiner Tochter! Oder willst du Schande über mein Haupt bringen? Husai weilt als Gast in meinem Hause!«

»Verzeih! Das wußte ich nicht. Er – er kam Davids wegen zu dir?«

»Ja, er kam, um David zu holen!« Der Alte bemerkte, wie erneut Mißtrauen in Joab aufzusteigen schien, setzte darum hinzu: »Wenn er Übles gegen David plante, wäre er nicht so offen zu mir gewesen! Mir scheint vielmehr, dieser Arkiter will beizeiten um Davids Gunst werben. Doch setzen wir uns, damit ich dir ausführlich berichte. Wenn du alles weißt, wirst du mir wohl beipflichten.« –

Es war um die Stunde, da die Schatten schon länger zu werden beginnen, als David neben Husai die Gasse hinabritt, die zum Jebuser Tor führte. Eben legte sich das Dunkel der uralten Torwölbung um die beiden Reiter, als sich Husais Pferd schnaubend aufbäumte. Geschmeidig war eine im Halbdunkel nur verschwommen erkennbare Gestalt von rechts her aus einer Nische hervorgesprungen und dem Pferd in die Zügel gefallen.

»Zurück da!« schrie David auf. »Friede herrscht in Bethlehems Mauern!«

»Und Friede soll auch bleiben, wenn dieser Arkiter es nur will!« Ruhig war die Antwort gekommen, doch wie eine unheimliche Drohung klang es im dumpfen Widerhall des steinernen Gewölbes nach. David hatte sich im Sattel vorgeneigt und suchte das Gesicht des andern zu erkennen: »Bist du es, Joab?«

»Wer sonst! Ich habe noch ein Wort zu reden mit dem Rat des Königs.«

Davids scharfen Sinnen war ein leises Geräusch nicht entgangen, das von der Seite her kam, wo die Schatten tief auf den Seitennischen des Tores lagen. »Wer lauert da zur Rechten?« forschte der Sohn Isais und fühlte, noch immer auf der Hut, heimlich nach dem Messer.

»Es sind meine Brüder«, gab Joab Auskunft, »da Fremde mir für ein Vorhaben wie dieses nicht taugen.«

»Tretet her, Abisai und Asahel!« befahl David. »Es ist in der Sippe Isais nicht üblich, im Dunkel den Gästen aufzulauern.«

Die Gesichter der beiden waren gegen das einfallende Licht der Abendsonne nicht zu erkennen, doch das Schweigen, das sie auch nun wahrten, da sie vor den Reitern standen, verriet nur zu deutlich, daß sie sich durch Ben Isais Worte beschämt fühlten.

»Nun sprich, Joab!« forderte David den ältesten der Serujasöhne auf. »Mach's kurz, denn die Stunde ist bald da, in der die Männer Bethlehems von den Feldern heimkommen.«

Joab gab seinen Brüdern einen Wink, und David bemerkte, wie Abisai und Asahel sich so stellten, daß sie jeden, der sich dem Tor näherte, rechtzeitig bemerken konnten.

Joab war jetzt ganz nah an Husai herangetreten, ohne jedoch den Zügel des Pferdes aus der Hand zu lassen. »Eine einzige Frage habe ich an den Arkiter zu richten: Meinst du es mit David Ben Isai ehrlich?«

»Aber Joab!« Unwillen sprach aus Davids Einwurf, doch Husai schien nicht beleidigt, als er jetzt antwortete: »Joab, ich gelobe dir beim Gott deiner Väter, daß ich meine Hand über den Sohn Isais halten will!«

»Schwöre es!« drängte Joab.

»Nun gut: Der Herr tue mir dies und das, lasse mich unstet und flüchtig sein mein Leben lang und gebe meinen Leib den Geiern, wenn ich Verrat übe an David Ben Isai!«

Joab stand, als lausche er den feierlich gesprochenen Worten nach; endlich ließ er die Zügel des Renners los und trat einen Schritt zurück: »So reite im Frieden Jahwes, Husai! Aber«, seine Stimme wurde wieder dunkel und drohend, »vergiß nie, daß hier drei Bluträcher sind, die ihre Dolche in das Herzblut eines jeden tauchen werden, der auch nur ein Haar auf dem Haupte Davids krümmt.«

Ein leiser Pfiff kam von Abisai her, Joab blickte die Straße hinab, wo soeben einige Männer auftauchten, die von der Feldarbeit nach Hause strebten. Joab gab mit der Hand Husais Falben einen raschen Schlag auf die Kruppe. Das Tier bäumte sich im Schreck über den unerwarteten Hieb auf und schoß dann in schlankem Galopp den Weg hinab.

Ein Lächeln war über Davids Gesicht geflogen, als er den

Arkiter so jäh davonjagen sah, doch dann, als er Joab anblickte, waren seine Augen wieder ernst: »Ich danke dir, Joab, für deine Treue! Und wenn ich auch meine, daß deine Drohung bei Husai nicht am Platze war, so werde ich doch nie vergessen, daß du und deine Brüder über meinem Leben wachen.« Er bemerkte, daß Husai um die nächste Wegbiegung entschwand, und sagte hastig: »Mir ist, als werde ich eure Hilfe noch brauchen! Wenn ich dir meinen Armreif sende, dann folge dem, der ihn dir bringt, wer immer es auch sei!«

Ein Spieß verfehlte sein Ziel

»Meinst du wirklich, daß dies auf die Dauer gut geht?« Jasobeam hielt es auf seiner Matte einfach nicht mehr aus, er war aufgesprungen und durchmaß nun mit großen Schritten den halbdunklen Raum. »Ah«, stöhnte er, »da sagt man uns, es sei in Gibea einigermaßen auszuhalten, weil es im Berglande liegt, aber heute meint es die Hitze wirklich gut!«

»Es ist nicht die Wärme, die dir zu schaffen macht!« lächelte Husai. »Es ist die Sorge um den Sohn Isais.«

Der junge Hundertschaftsführer war stehen geblieben und erwiderte fast grob: »Natürlich auch das! Oder soll man etwa ruhig bleiben, wenn man es mit Händen greifen kann, wie der König diesen jungen Löwen aus Juda ins Verderben hetzt?« Er sah, daß der andere etwas einwerfen wollte, machte darum eine abwehrende Handbewegung und fuhr erregt fort: »Ich weiß, was du mir entgegenhalten willst: Saul hat David sichtlich gefördert! Nach kurzer Zeit schon ist der Jüngling Führer einer Hundertschaft geworden und mit besonders ehrenvollen Aufgaben betraut gewesen. Aber machen wir uns doch nichts vor: Gerade diese scheinbar so ehrenden Aufträge hatten doch nur den Zweck, David auf anständige Weise ums Leben zu bringen!

Da wird David auf einen gefährlichen Streifzug gegen die Pelischtim geschickt, um auf diese Weise die Hand der Königstochter Merab zu gewinnen. Dabei hatte er doch schon Anspruch auf sie durch den Sieg über Goliath! Aber nein, ein König vergißt sein Wort, stellt neue Bedingungen. Und dann, da David siegreich auch von diesem Feldzug heimkommt, gibt Saul seine Tochter dem gänzlich unbedeutenden Adriel von Mehola zum Weibe! Da wird doch klar, daß Saul nur die eine Absicht trieb: David in den Tod zu jagen!«

Der junge Hauptmann sah Husai herausfordernd an: »Jetzt geht es um Michal, Sauls andere Tochter, und wieder soll David erst hundert Philister erschlagen! Ich verstehe den Jungen nicht, daß er sich das alles bieten läßt.«

Husai betrachtete Jasobeam prüfend, ohne daß dieser es zu bemerken schien, winkte dann den jungen Hauptmann heran und sagte leise: »Setz dich hier neben mich! Was ich dir jetzt sage, brauchen auch meine vertrautesten Diener nicht zu hören.« Dann, da der andere seiner Bitte gefolgt war: »Du brauchst um den Sohn Isais keine Sorge zu hegen!«

Jasobeam wollte aufspringen, doch Husai legte begütigend seine Hand auf den Arm des Jüngeren: »Ihm wird nichts Böses zustoßen! Woher ich das weiß? Nun, einer, der zum König Israels gesalbt ist, steht im Schutz eines Höheren!«

Verständnislos starrte der junge Offizier den Ratgeber des Königs an, um nun, da Husai halblaut berichtete, atemlos zuzuhören. »Ist das wirklich so gewesen?« stieß Jasobeam hervor, als Husai seinen Bericht beendet hatte.

»Es ist so!« raunte der Rat. »Seit ich in Bethlehem war, weiß ich, daß Saul vom Herrn verlassen ist. David ist – der kommende König!«

»Darum also«, sann Jasobeam, »hat der Sohn Isais keine Furcht. Nun verstehe ich ihn! Und ich begreife jetzt auch, weshalb alle Herzen ihm zufliegen! Auch, warum Saul ihn so bitter haßt! Es kann ja gar nicht anders sein: Zu einem

Menschen, den der Herr erwählt hat, kann niemand gleichgültig stehen. Man muß ihn lieben oder hassen, ein drittes gibt es da nicht.«

Husai hatte ihn aus den Augenwinkeln beobachtet und schien erleichtert: »Ich sehe, du stehst zu dem Sohne Isais. Gleichwohl muß ich dich ermahnen, keiner Seele weiterzusagen, was du von mir hörtest. Bis jetzt wissen nur die treuesten Freunde Davids von dem, was Samuel an ihm tat. Wer David verrät, vergeht sich gegen den Herrn Zebaoth!«

»Das braucht einem Israeliten nicht erst ein Arkiter zu sagen!« brauste Jasobeam auf. Mißtrauen schien plötzlich in ihm aufzuflackern, als er lauernd Husai fragte: »Aber du selber, he? Bist du nicht einer der Räte Sauls?«

Ein Lächeln spielte um des Arkiters Lippen, als er vorsichtig antwortete: »Saul berief mich, da er von anderen meine Klugheit rühmen hörte. Ich habe ihm treu gedient, obwohl das Blut der Kinder Kanaans in meinen Adern rollt. Aber läßt sich Saul noch raten, seit der böse Geist über ihn Macht gewann?« Er machte eine Pause, sagte dann bitter: »Saul spielt den Großkönig, obschon ihm die Stämme Israels allenfalls im Felde Gehorsam erzeigen. Im Grunde ist Saul trotz allem, was er geleistet hat, doch ein Bauer geblieben. Dreinzuschlagen weiß er, um aber ein König zu sein, fehlt es ihm an Weisheit und auch an Güte. Israel folgt ihm, solange er siegt, tritt aber der kleinste Rückschlag ein, so werden ihn alle verlassen.«

Jasobeam schwieg, schien seine Gedanken zu ordnen.

Endlich fuhr Husai fort: »Jung noch, sehr jung ist das Königtum in Israel. Nur die Philisternot hat die Stämme unter Sauls Fahne geführt. Ist einmal diese Not vorüber oder zeigt sich, daß Saul den Philistern nicht gewachsen ist, so wird nicht nur der König, sondern auch der Thron stürzen. Es sei denn«, der Arkiter erhob jetzt die Stimme, »ein anderer König steht auf! Einer, der das Vertrauen der Stämme besitzt; einer, der Erfolge aufzuweisen hat; einer, der sichtbar von Jahwe gesegnet ist!«

»David Ben Isai!« Jasobeam hatte es fast feierlich gesagt, doch Husai sprach, als habe er nicht gehört, bedachtsam weiter: »Ob unter ihm das Königreich Bestand haben, ob es nach ihm bleiben wird?« Er hob die Schultern, fuhr fort: »Nur dann wird es von Dauer sein, wenn dieser David auch im Frieden zu herrschen weiß! Jetzt ist Israel nur in der bittersten Not einig; ist diese vorbei, so laufen sie alle auseinander, wissen nicht mehr, daß sie ein Volk sind. Nur wenn es dem kommenden König gelingt, den Stämmen eine gemeinsame Mitte zu geben, eine Stadt, an der ihrer aller Herzen hängen, einen Altar, an dem sie alle opfern, nur dann wird der Thron beständig sein! Ein großes, gemeinsames Ziel brauchen sie, die Verheißung einer Zukunft, die sie alle trägt.« – Er richtete sich auf, als schüttele er eine schwere Last von den Schultern. »David ist vielleicht der Mann, der dies alles vollbringen kann. Das Heil muß von Juda kommen, vom Hause Isais!«

Stimmen wurden draußen laut, unterdrückt klangen sie und doch erregt, so daß Husai sich erhob, den Vorhang zur Seite schlug und hinaus auf den Hof spähte.

»Was gibt's?« Antwort kam von draußen, doch Jasobeam konnte die Worte nicht verstehen. »Tritt herein und berichte!« hörte er den Hausherrn befehlen.

Ein Diener erschien unter der niedrigen, aber breiten Tür, neigte sich zur Erde und stieß hervor: »David Ben Isai ist mit seiner Streifschar zurück! Zweihundert Philister haben sie erschlagen! Die Frauen und Mädchen laufen vors Tor und jubeln ihnen zu!«

Husai hatte dem Manne schon winken wollen, wieder zu gehen, spürte jedoch, daß der Diener noch etwas sagen wollte, und fragte daher: »Was gibt es sonst?«

»Sie singen wieder das Lied, das sie damals nach der großen Philisterschlacht schon anstimmten:

Saul hat tausend geschlagen,
David aber schlug zehntausend!«

Undurchdringlich blieb Husais Gesicht, als er erwiderte: »Du kannst gehen!« Doch dann, da der Vorhang hinter dem Diener gefallen war, sah Jasobeam, daß Besorgnis auf des Arkiters Gesicht lag: »Dieses Lied ist nicht gut, Jasobeam! – Oder hörtest du es gern, wenn du – Saul wärst?«

»Wahrhaftig!« gab der Hundertschaftsführer betroffen zurück. »Daran habe ich noch nicht gedacht, wie Saul es auffassen mag. Und du meinst –?«

»Nichts meine ich!« winkte der andere ab. »Ich sage nur, daß dieses Lied nicht gut ist.« Er hob plötzlich den Kopf, als lausche er einem Gedanken nach, der ihm eben erst gekommen war. »Vielleicht ist es doch gut? Wer kann das wissen? Vielleicht treibt es den König der Entscheidung zu?« Ein schüchternes Lächeln war um seine Augen, als er leise hinzusetzte: »Was wissen wir klugen Räte irdischer Könige schon von dem, was da kommen soll? Wir ratschlagen und planen, aber der im Himmel sitzt – lacht unser!«

Husai hatte die Rechte erhoben, ließ sie nun schnell wieder sinken, als schäme er sich solcher Worte. Hastig, in ganz anderem Tone, sagte er jetzt: »Ich sehe, du willst eilen, David Ben Isai zu begrüßen. So geh im Frieden des Herrn! Doch sage dem Löwen aus Juda, er möge heute abend mit dir mein Gast sein!«

Gleich beim Eintritt der beiden Besucher spürte Husai, daß etwas Besonderes vorgefallen sein müsse. Erregt schien ihm Jasobeam. David dagegen lag bei Tische wie ein sprungbereiter Panther. Kaum daß er den Speisen zusprach und auf des Gastgebers Fragen Rede und Antwort stand. Endlich, da sie sich die Hände in den Wasserschalen nach der Mahlzeit gereinigt hatten und die Diener gegangen waren, konnte Husai nicht länger an sich halten: »Was bedrückt dich, Sohn Isais?«

»Der König warf seinen Spieß nach mir!«

Der Arkiter hatte, obwohl er sich für gewöhnlich sehr zu beherrschen wußte, eine heftige Bewegung nicht unterdrücken können. Ganz dunkel klang seine Stimme, als er jetzt fragte: »Saul wollte dich – töten?«

»Ich muß es schon annehmen, doch laß mich erzählen! Ich war im Hause des Königs, um über den so erfolgreichen Streifzug Meldung zu erstatten. Schon während meiner Worte lag es wie eine dunkle Wolke um Sauls Stirn, und als ich meinen Bericht beendet hatte, verharrte der König in finsterem Brüten.

›Nimm deine Leier und singe!‹ raunte mir Abner zu, der hinter mir stand. ›Du weißt, nur dein Gesang vermag den bösen Geist, der jetzt so oft über ihn kommt, zu besänftigen!‹ Und schon drückte mir irgendeiner die Leier, die ja immer dort hängt, in die Hände. Nun ja, ich griff in die Saiten und sang. Ihr wißt, wie gerne ich das tue und wie ich mich dann dem Strom der Lieder hingebe. So war es auch heute, ich sang und vergaß die Welt um mich her.

Ich weiß nicht, wie lange ich schon gesungen hatte, als plötzlich ein ganz eigenartiges Gefühl in meinem Herzen emporkroch. Während mein Mund die Lieder hinaussang, sprach eine fremde Stimme in mir: ›Neige dich tief vor dem König!‹ Und dann nochmals, warnend, dringend: ›Neige dich! Neige dich!‹«

David sah die beiden andern an, fuhr dann leiser fort: »Ich weiß nicht, ob ihr versteht, wie mir zumute war. Es ist seltsam, ganz seltsam, wenn ein Fremdes plötzlich laut in einem selber spricht. Ich hab das so noch niemals erlebt. Ich war erschrocken, tat unwillkürlich, was die Stimme mir befahl, und beugte mich tief nach vorn.

Im gleichen Augenblick fuhr etwas scharf zischend dicht über meinen Scheitel und schmetterte mit hartem Schlag in die Holztäfelung hinter mir! Ich fuhr hoch und stieß mit dem Kopf gegen etwas Festes. Es war des Königs Spieß, der da zitternd in der Wand steckte! Eben, wie ich mich vorneigte, mußte der König ihn geschleudert haben. Durchbohrt hätte er meinen Kopf, wäre da nicht jene fremde Stimme gewesen!«

»Jahwe hat in dir geraunt!« flüsterte mit zuckenden Lippen der Arkiter.

»Es muß wohl Jahwe gewesen sein oder einer seiner himmlischen Engel!« nickte David. »Doch über den König kam nun der böse Geist: Er sprang auf, schlug um sich, zitterte an allen Gliedern, und Schaum stand vor seinem Mund; ein wildes Zucken lief über sein Gesicht, als er schrie: ›David, mein Sohn David! Was habe ich an dir getan, daß ich mich versündigte gegen dich!‹

Sie sprangen hin zu ihm, all die Glatten, Klebrigen, redeten ihm zu, führten ihn hinaus. Nur einer blieb, stand neben mir, hielt immer noch meine Hand: Jonathan, Sauls Sohn, mein Freund!

Er schlang seinen Arm um mich und geleitete mich in sein Zimmer. Er stammelte Worte, die nach einer Entschuldigung für das Tun seines Vaters suchten. Er braucht des Königs Tat nicht vor mir zu entschuldigen! Ist Saul nicht der König, der Gesalbte des Herrn? Jonathan braucht nicht zu fürchten, daß ich nun seinen Vater hasse. In tiefster Seele leid tut mir der König Israels, in dessen Brust der böse Geist wider den des Herrn streitet!

Das alles sagte ich Jonathan, der aus einem Tröster zu einem Trostbedürftigen geworden war. Ich weiß nicht, ob er meinen aufrichtig gemeinten Worten glaubte. Es schien vielmehr, als wolle er wieder gutmachen, was sein Vater an mir gefehlt hatte. Sein eigenes Schwert, seinen Bogen, ja seinen Mantel drängte er mir auf. Ich mußte sie annehmen, wollte ich Jonathan Gewißheit geben, daß ich nicht mehr zürne. Was sollen sie mir? Habe ich nicht selber Bogen und Schwert? Nun, sie hängen jetzt drüben an der Wand meiner Kriegerwohnung. Und –«

»Du hast den Mantel Jonathans?« Husais hastige Frage schwebte im Raum.

David schlug mit der flachen Hand auf sein Obergewand: »Hier, das ist er!«

Ein Leuchten brach aus des Arkiters Augen. Er neigte

sich über das Tischchen herüber, flüsterte: »Den Mantel des Königssohns trägst du, David Ben Isai! Weißt du, was das bedeutet?«

Jähes Erkennen glomm in Davids Augen auf, fast erschrocken lehnte er sich zurück, bewegte tonlos die Lippen.

»Du verstehst mich, Sohn Isai?« raunte der Arkiter. »Ein Königssohn, der seinen Mantel weggibt, verschenkt damit sein Königreich!«

»Es ist wahr«, stammelte Jasobeam, »seit alters gilt der Mantel als Zeichen der Herrschaft!«

»Nein!« Davids Stimme schien den halbdunklen Raum sprengen zu wollen. »Nein, ich behalte ihn nicht!« Er war aufgesprungen. »Ich gebe sogleich Jonathan den Mantel zurück!« Jasobeam war hochgeschnellt, hielt David fest. »Laß mich!« keuchte dieser. »Jonathan ist mein Freund, Blutsbrüderschaft haben wir geschlossen! Wie sollte ich nach seinem Königreich die Hand ausstrecken?«

»Mäßige dich!« Auch Husai hatte sich erhoben, stand jetzt neben den beiden, winkte Jasobeam mit den Augen, legte dann, als jener David losgelassen hatte, seine Hand auf den Arm des Sohnes Isais: »Du nahmst dir nicht den Mantel, Jonathan gab ihn dir aus freien Stücken.« Ganz ruhig war Husais Stimme, als er leise hinzusetzte: »Man kann nichts, was einmal geschehen ist, wieder ungeschehen machen. Du magst den Mantel Jonathans zurückgeben oder verbrennen; was gleichnishaft sich andeutete, als Jonathan dir seinen Mantel gab, wird sich so oder so in Wirklichkeit vollenden!« Er ließ Davids Arm los, setzte sich wieder und winkte den andern, ein Gleiches zu tun. Dann, als sie saßen: »Was Samuel mit klarer Absicht tat, hat Jonathan unschuldsvoll wiederholt. Der Gesalbte des Herrn trägt den Mantel des Thronfolgers!«

Er verhielt, lauschte mit geneigtem Kopf nach draußen. Leichte Schritte kamen über die Fliesen der Vorhalle, der Vorhang wehte leise, eine helle Stimme fragte hastig: »Husai, darf ich bei dir eintreten?«

»Jonathan! Mein Bruder Jonathan!« jubelte David, warf einen raschen Blick zu dem Hausherrn, rief dann, da jener lächelnd nickte: »Komm herein, Freund meines Herzens!«

Der Vorhang rauschte, und geschmeidig glitt der Königssohn herein, um sich zunächst vor dem Herrn des Hauses zu verneigen und sodann an Davids Seite zu eilen.

»Darf ich offen mit dir reden?« Jonathans Blick streifte vorsichtig Husai und Jasobeam, doch nun, da David kurz erwiderte »Sie sind Freunde!«, stieß Sauls Sohn hastig hervor: »Fliehen mußt du! Mein Vater hat, kaum daß sein Zorn sich gelegt hatte, Abner und andere Vertraute zu sich rufen lassen. Du weißt, daß du hier Neider hast. Man hat den König in seinem Mißtrauen gegen dich eifrig bestärkt, ihm geraten, dich unschädlich zu machen, solange es dazu noch Zeit sei.«

»Woher weißt du das?«

»Meine Schwester Michal gab mir einen Wink, daß etwas gegen dich im Gange sei. Mein Vater ist, bestärkt durch seine eigensüchtigen Berater, fest überzeugt, daß du nach seinem Throne trachtest.«

»Ob er es wagen wird, offen gegen David vorzugehen?« Husais Frage rief Jasobeam auf den Plan: »Wie denn, hat er nicht vorhin erst seinen Spieß gegen David geschleudert?«

»Das geschah in blindem Zorn, als der böse Geist den Sinn des Königs getrübt hatte!« widersprach der Arkiter. »Es wäre etwas ganz anderes aber, wollte der König nach vorbedachtem Plan dem Sohne Isais ans Leben. Ich zweifle noch immer, ob er dazu den Mut haben wird. Schließlich weiß er so gut wie wir, welche Achtung David im Heer und beim Volke genießt!«

»So hört, was soeben im Rat der Allervertrautesten beschlossen wurde.« Jonathan wurde durch Husai unterbrochen, der bitter hervorstieß: »Einst war ich einer derer, die der König zu Rate zog! Freilich, da ging es nicht um Mord!«

»Dir traut der König nicht mehr«, nahm Jonathan wieder das Wort. »David soll umgebracht werden!«

»Weißt du Genaueres?«

»Leider nicht, da der König mich fortschickte.«

Es wurde nach Jonathans Worten still, da jeder seinen Gedanken nachhing. Endlich sagte Husai: »Wir wissen also nur, daß Gefahr droht, kennen aber weder die Stunde noch den Plan selber. Nicht einmal das ist sicher, daß der König bei diesem Vorsatz bleibt. Bei der Wankelmütigkeit, die in den letzten Jahren über ihn gekommen ist, wäre es durchaus denkbar, daß er den gefaßten Plan wieder fallen läßt!«

»Ich weiß einen Weg, des Königs Gesinnung zu erforschen!« Jonathan hatte sich vorgeneigt, sprach jetzt lebhaft und mit ausdrucksvollen Gebärden. »Neumond ist morgen. Wie wär's, wenn du, David, dich nicht mehr in Gibea blikken läßt? Ich werde meinem Vater, wenn er morgen nach dir fragt, sagen, du seist nach Bethlehem geritten, um mit den Deinen das Neumondfest zu feiern!«

»Wie wolltest du auf diese Weise herausbekommen, was der König mit David vorhat?« fragte Jasobeam dazwischen.

»Hör nur weiter!« winkte Jonathan ab. »Hat der König Davids Tod beschlossen, so wird er zornig aufbrausen, da er meinen muß, David habe sich vor ihm in Sicherheit gebracht. Hat mein Vater dagegen von seinem heute gefaßten Entschluß gelassen, so wird er die Entschuldigung, die ich vorbringe, gleichmütig hinnehmen.«

»Nicht schlecht!« Husai sah den Königssohn nachdenklich an. »Doch wie soll David erfahren, wie sich der König auf deine Nachricht hin verhielt?«

»Das läßt sich leicht einrichten!« gab Jonathan zurück. »Da ich mich fast täglich im Bogenschießen übe, kann es nicht auffallen, wenn ich ins Freie gehe, um meinen Bogen zu prüfen.« Er wandte sich lebhaft zu David. »Sei übermorgen am Berge Asel und verbirg dich dort zwischen den Steinhaufen.«

»Der Knabe, der deine Waffen trägt, wird dich wie üblich begleiten«, gab David zu bedenken. »Daheimlassen kannst du ihn nicht, ohne Verdacht zu erregen.«

»Das ist richtig!« Jonathan nagte in Gedanken an seinen Lippen, stieß dann hervor: »Wir müssen ein Zeichen verabreden, an dem du erkennst, wie es in Gibea steht. Am Hang des Berges werde ich drei Pfeile nach den Mastixbäumen schießen, die da stehen, und dann den Knaben schicken, die Pfeile zu suchen. Rufe ich dem Knaben zu: ›Sieh, die Pfeile müssen näher zu mir her liegen!‹, so komm aus deinem Versteck hervor, denn dann besteht keine Gefahr für dich. Weise ich aber den Jungen an: ›Die Pfeile liegen weiter weg!‹, so fliehe eilends davon und laß dich nirgends blicken, denn des Königs Grimm steht noch immer nach deinem Leben!«

»Machen wir es so!« nickte David nach kurzem Besinnen. »Ich lege mein Leben in deine Hand.«

Jonathan beugte sich zu David hinüber. »David, ich habe dich lieb wie meine eigene Seele! Der Herr tue mir dies und das, wenn ich dich jemals verrate!«

»Amen!« setzte der Arkiter in feierlichem Tone hinzu. »Amen, so soll's geschehn! – Doch nun wird es für David Zeit, sich davonzumachen. Es könnte sein, daß des Königs Häscher bereits um mein Haus streichen. Ich überlege schon, wie wir den Sohn Isais am sichersten aus der Stadt geleiten.«

»Ich gehe mit ihm!« Jasobeam war aufgesprungen, tastete mit der Hand nach dem Schwertgriff.

»Und ich halte mich zu seiner Rechten!« Auch Jonathan hatte sich erhoben, reichte nun David die Hand, ihm emporzuhelfen. »Niemand wird es wagen, gegen dich den Dolch zu zücken, wenn des Königs Sohn bei dir ist.«

Husai gab den Gästen das Geleit bis zur Tür. Schwarz lag die Gasse, da Neumondzeit war. Der matte Schimmer der fern am Himmelszelt funkelnden Sterne vermochte nicht die Schatten der Nacht zu erhellen.

Atemlos standen sie und lauschten, doch nichts ließ sich hören. Langsam paßten sich die Augen der Dunkelheit an, heller schien jetzt der Himmel, dunkler die Schatten der Häuser. David hörte ein Gewand rauschen, tastete nach Jasobeam und fühlte, daß dieser den Mantel abgelegt und sich um den linken Arm gewunden hatte, damit er ihm als Schild dienen könne. Ein leises Klingen verriet, daß der junge Krieger auch das Schwert aus der Scheide gezogen hatte.

»Rechnest du wirklich mit einem Überfall?« fragte David leise.

»Ich rechne mit allem!« zischte Jasobeam.

Einen Augenblick schwieg David, sagte dann fest: »Ich rechne mit dem Herrn! Kommt, laßt uns gehen!«

Einen Händedruck noch zu Husai, dann glitten die drei hinaus in die Nacht. In der Mitte der Gasse schritten sie dahin, Jasobeam mit dem bloßen Schwert links, Jonathan zur Rechten Davids. Auch als die Nacht sie längst verschlungen hatte, stand Husai noch immer mit lauschend geneigtem Kopf unter dem Tor. Doch kein Laut kam aus der Finsternis, kein Ruf, kein Schwerterklang.

Die Bergfeste Adullam

»In dieser Wildnis können wir Saul wie auch den Pelischtim die Stirn bieten.« Joabs Worte ertranken im Sausen des Windes, der um die schroffen Felszinnen strich. David, der zwischen Joab und Asahel saß, ließ seine Augen über die wildzerklüftete Landschaft wandern, über die Felsen, das graufarbene Geröll und die in der Ferne glühenden Dünen, hinter denen die Weite der See mehr zu ahnen als zu erkennen war. Nur hier und da, wo die sengenden Sonnenstrahlen durch jähe Felswände abgewehrt wurden, kümmerten spärliche Dornbüsche, deren fahle Farben nicht imstande waren, Leben in diese Einöde zu zaubern.

»Wie ein Adlernest klebt die Bergfeste in den Felsen!« Joab kehrte sein Gesicht dem Sohne Isais zu. »Gut ausgewählt hast du deinen Zufluchtsort! An diesem Bergnest Adullam mag Saul sich die Zähne ausbeißen, wenn er Lust dazu hat.« Sein Blick flog über die Schar wilder Gestalten.

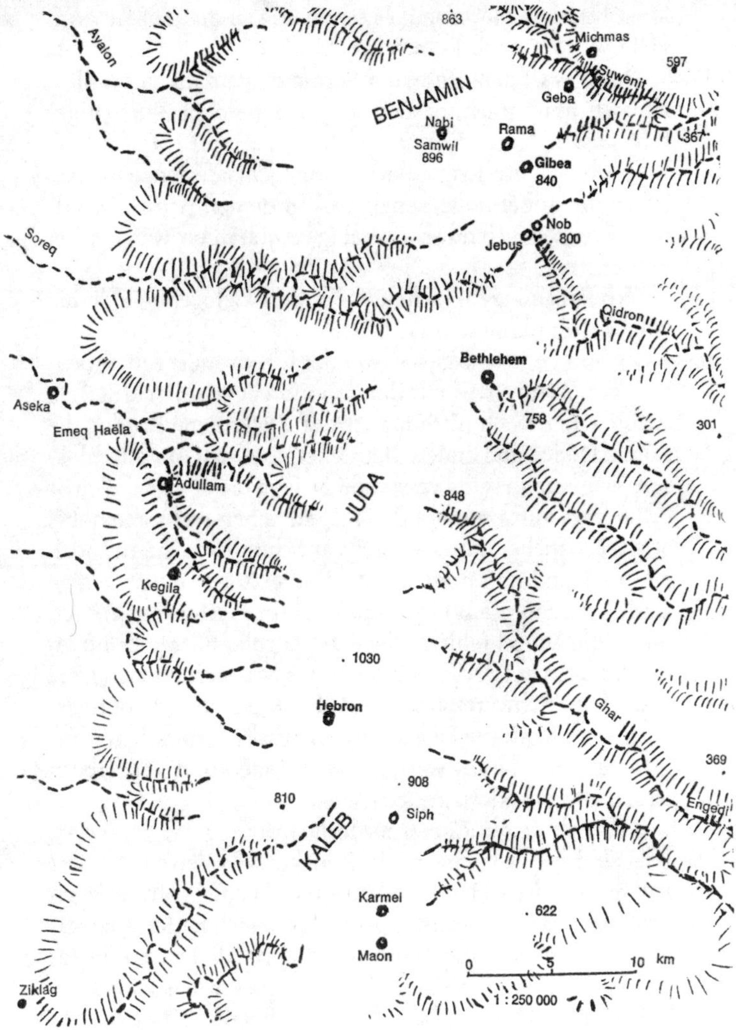
863
Michmas
Ayalon
597
Suwenit
Geba
BENJAMIN
Nabi
Samwil
896
Rama
367
Gibea
840
Soreq
Nob
800
Jebus
Qidron
Bethlehem
Aseka
Emeq Haëla
758
301
Adullam
JUDA
848
Kegila
1030
Hebron
Ghar
369
908
810
Siph
Engedi
KALEB
Karmel
622
Maon
0
5
10
km
1 : 250 000
Ziklag

»Fast hundert Mann sind es schon, die zu dir stießen, doch viele werden noch kommen.«

David warf dem Sohn der Seruja einen dankbaren Blick zu. »Ich freue mich, daß du so rasch meinem Zeichen gefolgt bist.«

»Nun«, lachte Joab, »hatten wir nicht ausgemacht, daß ich zu dir stoßen solle, sobald du mir deinen Armreif sandtest? Wenn's auch nur ein schäbiger Midianiter war, der ihn mir brachte, so –«

»Ich fand auf der Flucht keine andere Gelegenheit, dir die Nachricht zukommen zu lassen.«

»Schon gut! Ganz gleich, wer der Überbringer sein mochte, dein Armreif war's, der mir vorgewiesen wurde. Da wußte ich, daß du mich brauchtest. Daß meine Brüder, die Söhne Dodos und andere Bethlehemiten sich mir anschlossen, war beinah selbstverständlich. Und die übrigen, die wir unterwegs aufsammelten? Na ja, sie sehen nicht alle nobel aus! Ist mancher darunter, der vor Schulden nicht aus noch ein weiß und nun hofft, bei dir Beute zu gewinnen. Einige sind«, er lachte, »aus Liebeskummer uns nachgelaufen, weil ihnen die Mittel fehlten, die Morgengabe für die Braut zu entrichten. Und der Rest besteht aus Männern, denen ganz einfach die Schwertspitze juckt! Haudegen, denen vor überschüssiger Kraft die Fäuste zucken; wackere Burschen übrigens, die nur darauf warten, den Feinden und Verderbern Israels die Schädel einzuschlagen.«

»Ich will keine Räuberhorde, Joab!«

»Der Herr bewahre mich! Räuber? Wo denkst du hin? Laß mir nur freie Hand, und du wirst sehen, daß in wenigen Monden aus diesem zusammengelaufenen Haufen ein kleines, aber zuverlässiges Heer geworden ist!« Er unterbrach sich und sah auf das schimmernde Schwert, das David aus der Scheide gezogen hatte, um die blanke Schneide mit dem Zipfel einer Decke zu putzen.

»Woher hast du diese ausgezeichnete Waffe? Schon gestern fiel mir auf, daß du ein Philisterschwert trägst, doch jetzt sehe ich, daß es eins ist, wie man es in solcher Größe kaum findet.«

»Es ist das Schwert Goliaths.«

»Des Riesen, den du erschlugst?« Joab schüttelte den Kopf. »Wenn ich mich recht entsinne, ließest du das Schwert des Riesen doch als Weihgabe im Heiligtum zu Nob? Und jetzt –«

»Habe ich es mir vom Priester Ahimelech wiedergeben lassen!«

»Du kamst bei deiner Flucht durch Nob? Davon weiß ich ja noch gar nichts.« Joab war näher gerückt, und auch die anderen beugten sich vor, um sich nichts entgehen zu lassen. »Erzähl, wie es in Nob war!«

»Jonathan –«

»Der Sohn Sauls?«

»Jawohl, Jonathan Ben Saul hatte mich durch ein Zeichen, das ich mit ihm verabredet hatte, vor der Wut des Königs gewarnt, und –«

»Jonathan hält zu dir? Gegen seinen Vater?«

»Blutsbrüder sind wir und haben uns Treue gelobt auf Leben und Tod. Durch Jonathan gewarnt, mußte ich aus Gibea fliehen. Da ich nicht wagen konnte, mein Haus nochmals zu betreten, war ich waffenlos und ohne Wegzehrung. Was lag da näher, als in Nob, wo man mich ja als Gefolgsmann des Königs kannte, vorzusprechen und um Hilfe zu bitten?«

»Und man gewährte sie dir?«

»Warum nicht? Der Oberpriester Ahimelech ahnte nicht, daß ich bei Saul in Ungnade gefallen war, vermutete vielmehr in mir einen Boten, den der König mit eiligem Auftrag über Land geschickt habe. Ohne Bedenken gab er mir daher fünf der Schaubrote –«

»Wie, von den heiligen Broten gar?«

»Gewiß, von den Broten im Heiligtum! Ich nahm sie mit Dank, hatte ich doch noch einen weiten Weg vor mir. Eben, da wir aus dem Heiligtum treten wollten, in dem der

Ephod[12] hängt, der heilige Mantel, aus dem der Priester die Lose des Herrn zu ziehen pflegt, gewahrte ich das Riesenschwert, das hinter dem Ephod als Weihgabe hing. Ich bat um die Waffe, und Ahimelech verwehrte sie mir nicht.«

David schwieg und blickte nachdenklich vor sich nieder.

»Worüber sinnst du nach?« forschte Eleasar Ben Dodo, dem des Freundes Besorgnis nicht verborgen geblieben war.

»Ich fürchte«, sagte David leise, »die Unterstützung, die mir der Priester Ahimelech gewährte, wird ihn teuer zu stehen kommen!«

»Wie sollte Saul davon erfahren?«

David sah über das sonnedurchglühte Land hin, stieß dann hervor: »Im Fortgehen bemerkte ich den Edomiter Doëg! Er ist einer von Sauls Hirten und wird seinem Herrn auf schnellstem Wege Nachricht gegeben haben, daß ich auf meiner Flucht in Nob vorsprach.«

Joab pfiff leise durch die Zähne: »Ob Saul es wagen wird, Hand an den Priester zu legen? Immerhin, schäumen wird er vor Zorn, wenn er erfährt, daß du heiliges Brot erhieltest und das Schwert des Riesen an dich nahmst!« Er legte die Hand über die Augen und spähte in die Schlucht hinab. »Dort kommt einer unserer Posten mit einem Fremden, der einen Esel am Halfter führt. Der Kleidung nach könnte der Unbekannte fast ein Priester sein.«

Auch die anderen waren jetzt aufmerksam geworden und spähten den Steilhang hinab, über den sich der schmale Pfad in scharfen Windungen heraufzog.

[12] Es läßt sich nicht mehr genau feststellen, was dieser *Ephod* – Luther übersetzt »Leibrock« – eigentlich war; vermutlich ein Priestermantel, in dem die heiligen Lose aufbewahrt wurden. Wir können aus den Bibelstellen, an denen der Ephod vorkommt, nur schließen, daß es sich um eine Art Orakelbefragung gehandelt haben muß. Gott antwortet durch die »Lose« auf Fragen des Beters. Es geschah aber auch, daß Gott schwieg! (1. Sam. 3,1 und 28,6)
Es ist verständlich, daß eine solche Praxis leicht zur Götzendienerei führen kann (Ri. 8,27; 17,5). Das war wohl auch der Grund dafür, daß man von der Befragung des Ephod mehr und mehr abkam.

»Kein Zweifel«, ließ Elhanan sich vernehmen, »das ist ein Priester.«

»Wenn ich mich nicht irre, sogar einer aus Nob!« pflichtete sein Bruder Eleasar ihm bei.

Der Mann hatte die Terrasse erreicht, blieb einen Augenblick stehen, um die Männer mit prüfenden Blicken zu überfliegen und nun, da seine Augen auf David haften blieben, näherzutreten.

»Friede sei mit dir, David Ben Isai!« Grüßend hob der Priester die Hände. »Aus Nob komme ich.«

Mit flinken Augen überflog David den staubbedeckten Mantel des Priesters und den müde dastehenden Esel, auf dessen Rücken ein Packen schwankte, dessen Inhalt nicht zu erkennen war. »Bringst du mir Grüße von Ahimelech, dem obersten der Priester Nobs?«

Ein Schatten legte sich über das Gesicht des Fremden. Man sah, wie die Muskeln an seinen Schläfen zuckten. Dumpf klang seine Stimme, als er antwortete: »Ahimelech ist tot! Und mit ihm starben fünfundachtzig Priester aus Nob!«

Ein Aufschrei ging durch die Männer, sie sprangen hoch, drängten sich näher. Davids Hand war an das Goliathschwert gefahren, fest schloß sich die Faust um den ehernen Griff. »Sprich, Priester, und verbirg uns nichts!«

»Abjathar bin ich, Ahimelechs Sohn.« Er machte erschöpft eine Pause, stürzte den Inhalt einer Schale, die ihm gereicht wurde, hinunter, stieß dann hervor: »Ahimelechs Sohn – und der einzige aus Nob, der noch die Sonne sieht!«

Asahel sprang herzu, fing den Taumelnden auf und ließ ihn behutsam auf eine Decke gleiten, die Eleasar mit fliegenden Händen ausgebreitet hatte. In finsterem Schweigen standen die Männer und blickten auf den Erschöpften nieder. Sie mußten lange warten, bis er wieder die Augen aufschlug und sich mühsam zu erheben suchte.

»Bleib nur sitzen, Abjathar Ben Ahimelech!« Fürsorglich hatte David seine Hand auf des Priesters Schulter gelegt, rückte jetzt einen Sattel, den Joab hergereicht hatte, zurecht, so daß der Priester bequem sitzen konnte.

»Und nun erzähle alles der Reihe nach!« ermunterte ihn David, als er sah, daß der Schwindel von ihm wich.

»Der Reihe nach!« Abjathar nickte grimmig, stieß dann heraus: »Gut, ich will's tun, um mir selber die Not vom Herzen zu schaffen!« Sein Blick wanderte zu David, der neben ihm hockte. »Du warst bei uns in Nob, mein Vater gab dir heiliges Brot und das Schwert Goliaths, das ich da in deinen Händen sehe. Doëg, der edomitische Hirte Sauls, verriet es dem König. Zornentbrannt befahl dieser die Priesterschaft von Nob nach Gibea. Es gab keine lange Verhandlung, jähzornig, wie es seine Art ist, befahl Saul: ›Tötet des Herrn Priester!‹ Doch keiner der Krieger wollte die Hand an die Diener Jahwes legen, um nicht den Grimm des Allerhöchsten herabzubeschwören. Bebend vor Wut, herrschte Saul die erschauernd sich abwendenden Männer Israels an, um dann, da keiner sich zu der Fluchtat bereitfand, den Edomiter aufzufordern: ›Tu du's!‹ Und der Bluthund Sauls nahm das Schwert und erschlug fünfundachtzig heilige Priester des Herrn. Sie starben, wie es sich für Männer gehört, die den leinenen Leibrock im Dienst des Höchsten tragen: ohne Klage und Jammergeschrei. Todesstille lag über dem Hofe Sauls, als der ungläubige Edomiter die Reihe entlangging und einen Kopf nach dem andern abschlug. Allein, allein mit seinem Henker stand der König, als das Blut über die Fliesen strömte. Alle Männer hatten sich von ihm gewandt, um nicht sehen zu müssen, wie Saul sein Königtum besudelte.«

Bleich starrten die Gesichter der Männer, die den Priester umstanden. Nicht die Unerbittlichkeit des Gerichtes, das der König gehalten, drückte ihnen die Herzen ab. Zu oft hatten sie rauchende Trümmer und zerstückelte Leichname gesehen, wenn Philister oder Amalekiter ins Land gebrochen waren. Nein, Blut hatten sie alle schon gerochen, daß aber einer, der das Erbe Jakobs in sich trug, Hand legte an die Priester des Herrn, das war unerhört, das war ein Greuel in Israel! Wie sollte der Herr Zebaoth, der auf den Wolken des Donners daherfuhr und vom Sinai blitzte, das ungestraft lassen? Mußte er nicht Saul Ben Kis vernichten?

David warf einen raschen Blick umher und sah auf allen Gesichtern Sauls Todesurteil geschrieben. Kein Zweifel: Saul war von nun an ein Gezeichneter, einer, der aus der Hand des Herrn gefallen war!

»Und wie entkamst du?« Eleasar hatte die Frage hervorgestoßen.

»Ich entging dem Gemetzel, weil ich nicht daheim war«, gab der Priester Auskunft. »Ich war auch noch nicht zu Hause, als über Nob selber die Rache Sauls kam.«

»Wie? Es genügte ihm nicht, die Priesterschaft umgebracht zu haben?«

»Nein, der ganze Ort wurde dem Erdboden gleichgemacht! Niedergemetzelt sind Greise, Frauen und Kinder. Nicht einmal Ochs, Esel und Schaf entgingen der Wut des rasenden Königs. Verstört stand ich vor den noch rauchenden Trümmern. Wie im Traum ging ich zwischen den Leichen und Mauerresten zu dem Heiligtum, das als einziges Gebäude noch stand. Dort, am Fuße der Säule, an der der heilige Mantel hängt, brach ich zusammen. Als ich wieder zu mir kam, war es Nacht. Ich raffte mich auf und zog mich an der Säule empor. Im Dunkel ertasteten meine Hände etwas Weiches: den Ephod! Unberührt hing er da, Sauls Schergen hatten nicht gewagt, an Jahwes Heiligtum zu rühren. Unversehrt waren die heiligen Lose des Herrn, die der Mantel birgt. Ich nahm ihn, wickelte ihn zu einem Bündel und machte mich auf den Weg. Bei Tagesanbruch traf ich einen Hirten, von dem ich erfuhr, wie alles gekommen war. Er lieh mir den Esel. Nun bin ich hier bei euch.« Sein Blick ruhte fest auf David. Jetzt hob er die Hand, wies auf den Sohn Isais und rief laut: »Ihr Männer Israels! Saul ist tot, ob er gleich noch lebt! Dieser hier ist der König, der da kommt!«

Ein Rasseln ging durch die Reihen der Krieger, Schwerter fuhren aus den Scheiden, Speere klirrten gegen Schilde: »Heil dem Gesalbten des Herrn! Heil dem Löwen aus Juda!«

Donnernd warfen die Felsen das Echo zurück. Doch David stand mit gesenktem Haupt, als lausche er anderen Stimmen nach. Auch jetzt sah er nicht auf, da er die Frage stellte: »Du hast den heiligen Ephod mitgebracht?«

Überrascht sah Abjathar ihn an, erst als David seine Frage wiederholte, stieß der Priester hervor: »Dort auf dem Rücken des Esels habe ich ihn. Ihn und die heiligen Lose des Herrn!«

Still nickte der Sohn Isais, sagte dann, zu Eleasar und Elhanan gewandt: »Ihr Söhne Dodos, geleitet den Diener des Herrn in die Höhle, daß er sich dort in der Kühle von den Mühen des Weges erhole. Setzt ihm vom Besten vor, was wir haben!« Ein Wink zu Jasobeam: »Lade den Ephod vom Rücken des Grautiers ab und bringe ihn ebenfalls in die Grotte. Hänge den heiligen Mantel dort über die scharfe Felszacke, die links aus der Wand ragt und zünde ein Lämpchen an, daß es leuchte zu Füßen des Heiligtums!« –

Tag für Tag waren neue Freischärler zu David gestoßen. Einzeln kamen sie oder auch in Gruppen. Meist waren es Leute des Stammes Juda, besonders viele aus dem Süden, wo die Unterabteilung Kaleb ihre Herden weidete. Aber auch die anderen Stämme Israels steuerten ihren Anteil bei. Zu viele waren ja mit Saul Ben Kis unzufrieden, kehrten ihm den Rücken, da er nicht mehr imstande war, den Philistern erfolgreich die Stirn zu bieten. Gewiß, verzweifelte Gesellen waren unter denen, die sich in der Bergfeste Adullam sammelten, aber auch die Besten des Landes, die lieber sterben als den Ungläubigen hörig werden wollten.

Die Serujasöhne Joab und Abisai sowie das Brüderpaar Elhanan und Eleasar standen als Helfer David treu zur Seite. Sie hatten keine geringe Aufgabe: Schwer war es, die vielen unter einen Willen zu ordnen. Nur langsam wuchs die anfangs zügellose Schar unter der eisernen Hand Joabs zu einer verschworenen Gemeinschaft zusammen.

Überhaupt Joab! Auch jetzt, da Eleasar den steilen Bergpfad hinabstieg, um nach den Vorposten zu sehen, kreisten die Gedanken des jungen Bethlehemiten um diesen seltsamen Mann. Finster und wortkarg war Joab, und doch schätzten ihn alle wegen seines unbeugsamen Willens und seiner vor nichts zurückschreckenden Tapferkeit. War David die Seele, so war Joab die Faust!

In ernsten Gedanken wand Eleasar sich zwischen den Felsblöcken hin, die hier unten den Grund der Schlucht bedeckten. Joab! Wenn man nur wüßte, welche Gedanken hinter seiner Stirn lebten! War er wirklich nur Gefolgsmann? Oder ließ er sich vom Sturmwind David emportragen, um sich später einmal selber zum Herrn aufzuschwingen? Zutrauen konnte man diesem verschlossenen Serujasohn auch die gewagtesten Absichten!

Aber nein! Hinterhältigkeit war ihm fremd! Unnahbar mochte er sein, unerbittlich hart und zäh verbissen, aber falsch gegen den Freund? Undenkbar! Heucheln konnte Joab nicht; echt waren seine Treue zu David, seine blinde Ergebenheit und die fast rührende Verehrung für den Gesalbten des Herrn!

Eleasar fuhr aus seinen Gedanken hoch. Hatte da nicht jemand gerufen? Ah, es war die Stimme Asahels, der dort drüben, wo die Schlucht zur Klamm sich verengte, auf Wache stand. Und da kam er, aber nicht allein, zwei Männer waren bei ihm, die – »Jasobeam!« Eleasar war vorgesprungen und drückte dem Hundertschaftsführer des Königs die Hand. »Du kommst zu uns? Hast Saul verlassen?«

»Ich komme, um David mein Schwert anzubieten!« nickte Jasobeam. »Und ich komme nicht allein.« Er wies auf den hochgewachsenen Mann, der neben ihm stand. »Itthai ist dies, der Sohn Ribais. Hinter uns aber, wo die Schlucht zum kleinen Talkessel sich weitet, warten unter Benajas Befehl weitere hundert Männer.«

»So sind wir jetzt schon vierhundert Krieger!« jubelte Eleasar. »Doch kommt jetzt hinauf zur Bergfeste, daß wir David eure Ankunft melden. Lauf, Asahel, und sag auch Benaja und den andern, sie mögen nach Adullam hinaufsteigen. Wer mit Jasobeam kommt, kann nur Davids Freund sein!«

Auf der Felsenhöhe stand David und blickte mit Joab den Emporsteigenden entgegen. Auch Abisai hatte bemerkt, daß neue Freischärler kamen, und war neben seinen Bruder getreten. »Ha«, lachte er, »fast hundert neue Speere sind das, die sich gegen Saul erheben!«

Streng sah David ihn an, wies ihn dann zurecht: »Nie werde ich euch gegen Saul, den Gesalbten des Herrn, führen!« Er unterbrach sich und sagte dann im Tone der Überraschung: »Das sind doch –? Natürlich: Jasobeam und Itthai!« Er eilte den beiden, die eben mit Eleasar die Felsplatte erreichten, entgegen: »Friede sei mit euch, ihr Freunde! Was führt euch aus Gibea zu mir? Bringt ihr eine Botschaft des Königs?«

Finster schüttelte Jasobeam den Kopf: »Saul weiß nicht, daß wir uns zu dir geschlagen haben. Ohne von ihm Urlaub zu erbitten, haben wir ihn verlassen.«

»Auch Itthai?«

»Auch ich«, nickte der andere, »obwohl ich ein Benjaminit und Einwohner Gibeas bin! Es ist bei Saul nicht mehr zu ertragen! Immer häufiger gewinnt der böse Geist über ihn Macht. Wie soll einer, dem sich die Sinne verwirren, Israel gegen die Philister schützen? Jahwe hat den König verlassen und sich einen anderen Gesalbten erwählt. Ihm wollen wir dienen.«

»Sauls Rache wird die Deinen treffen, die in Gibea schutzlos seiner Willkür preisgegeben sind«, gab David zu bedenken, doch Itthai schüttelte den Kopf: »Ich erfuhr, daß du deinen Vater Isai dem Schutz der Moabiter unterstellt hast. Nun, wie du die Deinen vor Saul bei Fremden in Sicherheit gebracht hast, so tat auch ich. Mein Vater Ribai befindet sich jenseits des Jordan, wo Sauls Hand ihn nicht treffen kann.«

»Und wie erfuhrt ihr, daß ich hier weile?«

»Wir wandten uns zunächst nach Bethlehem, wo es uns bald gelang, deinen Aufenthalt zu erfahren. Nun sind wir hier und haben – mächtigen Hunger!«

»Dem kann abgeholfen werden!« lachte David und rief Abisai zu: »Eile in die Höhle und bringe diesen beiden hungrigen Löwen zu essen!«

Im Schatten nahmen sie Platz, während Abisai auf einer flachen Steinplatte eine einfache, aber reichliche Mahlzeit auftrug. Mit lachenden Augen sah David zu, wie die beiden es sich schmecken ließen.

Itthai schlug sich plötzlich vor die Stirn: »Beinah hätten wir über dem Hunger das Wichtigste vergessen! Die Philister sind wieder einmal ins Land gebrochen! Kegila haben sie sich diesmal zum Ziele genommen. Schon haben sie die ungeschützt liegenden Höfe geplündert und die Ernte geraubt, jetzt schicken sie sich an, den Ort selbst zu stürmen.«

»Und was tut Saul?« Itthai sah wohl die Spannung in Davids Gesicht, zuckte aber nur die Schultern: »Nichts! Er sitzt in Gibea und brütet dumpf vor sich hin. Und wenn er sich einmal aufrafft, so verärgert er sich durch sein maßloses Wesen die Krieger. Es mag lange dauern, bis er eine ausreichende Zahl von Leuten beisammen hat, um den Ungläubigen entgegenzutreten. Bis dahin sind diese Hunde mit ihrem Raub gewiß über die Berge!«

»So müssen wir hin, denen von Kegila zu helfen!« David erhob sich. »Ich eile zu Abjathar, um ihn –«

»Wie«, fiel Itthai ihm ins Wort, »der Sohn Ahimelechs ist bei dir?«

»Allerdings, er kam vor einigen Tagen. Er hat den heiligen Ephod mitgebracht.«

»Ah, das ist gut!« rief Jasobeam. »Dann kann er ja den Herrn befragen!«

»Eben darum will ich ihn bitten!« erklärte David und

wandte sich zum Gehen. »Abjathar mag die Lose Jahwes werfen, während wir uns rüsten.«

Die Männer, die Jasobeam und Itthai nach Adullam gefolgt waren, hatten jetzt die Bergfeste erreicht und wurden mit lautem Zuruf empfangen.

»Auch du kommst, Benaja?« Joab war auf den riesenhaften Mann zugetreten, der alle anderen um Hauptes länge überragte, und schüttelte ihm die Hand. »Sei willkommen, alter Löwentöter! Nun tu nicht so verschämt! Es hat sich doch längst herumgesprochen, daß du einen Löwen, der dich zur Schneezeit im Brunnen anfiel, mit dem Schwert erschlugst! Hier bei uns bist du an der rechten Stelle, denn Männer wie dich können wir brauchen.« Joab wandte sich wieder den anderen zu: »Ihr Männer, eßt und trinkt, dann aber macht euch bereit! Wenn nicht alles trügt, ziehen wir noch heute nach Kegila, um den Ungläubigen heimzuleuchten!«

Still wurde es ringsum. Nun, da es heraus war, daß David den Philistern die Stirn bieten wollte, blickte gar mancher betreten drein. Warum zog man nicht gegen Saul, dessen Thron doch schon wankte? Ruhm zu ernten, waren die meisten gekommen. Auf der Woge wollten sie sich mit hochtragen lassen, die den Sohn Isais emporhob. Und nun wandte David sich gegen die Philister?

»Wir sind, wenn ich recht sehe, knapp vierhundert Mann!« murrte einer. »Und da sollen wir mit den Philistern kämpfen?« Er kam nicht weiter, Joab war ihm ins Wort gefahren, herrschte ihn mit beißendem Spotte an: »Vierhundert waren wir eben noch, jetzt, da wir dich Feigling in die Steppe jagen, sind wir unser noch dreihundertneunundneunzig!« Er hob die Hand, deutete auf den schmalen Felspfad, der in die Tiefe führte: »Geh, du Sohn eines Schakals!« Und dann, als der Mann zögerte: »Hier ist mein Spieß! Bist du nicht bis drei aus meinen Augen, so –« Er vollendete den Satz nicht, hob aber den Spieß zum Wurf. Da machte der Mann kehrt und sprang in großen Sätzen den Saumpfad hinab. Finstere Entschlossenheit in den Augen wandte Joab sich den andern zu: »Schakale, die nachts um die Feuer heulen, brauchen wir nicht! Wer sein Herz nicht in den Händen, sondern im Magen trägt, der mag jetzt gleich gehen, noch ist es dazu Zeit!« Sein Blick flog über die schweigend stehenden Männer. »Was zu geschehen hat, entscheidet David Ben Isai! Ein Wille nur darf bei uns herrschen, und das ist der des Gesalbten!«

Er brach ab, da er David an der Seite Abjathars kommen sah. Ehrfurchtsvoll machten die Krieger den beiden eine Gasse, sahen jetzt in gespannter Erwartung auf den Sohn Isais, der sich auf einen Felsblock schwang und rief:

»Ihr Männer Israels! Abjathar, der Priester Jahwes, hat im Schoße des Ephod die heiligen Lose geworfen und den Herrn gefragt, ob wir uns an die Philister wagen sollen.« Er machte eine Pause, dann hart und entschlossen, fielen die Worte:

»So spricht der Herr: Ziehe hin gen Kegila! Denn ich will die Philister in deine Hände geben!«

Atemlos starrten die Männer auf David. Doch dann, wie ein Strom in der Regenzeit die Dämme durchbricht, brauste es auf:

»Heil dem Gesalbten des Herrn! Hosianna, dem Sohne Isais!«

Ein Helm voll Wasser

Glühend heiß lag die Mittagssonne über der Wüste Juda. In grellem Licht brannten die weißen Steilwände, durch deren Kreideschichten sich gähnende Schluchten tief eingeschnitten hatten. Jäh senkten die Talwände sich ins Bodenlose, doch kein murmelnder Bach spendete unten in der Tiefe Kühle und Erfrischung. Schotter und Geröll türmte sich dort zu gewaltigen Halden, in denen der Fuß keinen Halt fand.

Im wabernden Glast der Hitze schienen die zerrissen ragenden Schroffen der Felstürme zu zittern. In erbarmungsloser Kahlheit brachen die Gebirgsmassen nach Osten hin in jähen Terrassen ab. Kein Baum oder Strauch gab Trost, wie eine ausgedörrte Totenfaust lag das Land, so weit der Blick reichte.

»Das Salzmeer, das einst Sodom verschlang!« Der Klang der Worte erstickte in der sengenden Dürre, und die müde Handbewegung, mit der Eleasar nach Osten wies, wo wie geschmolzenes Erz die helle Fläche des Toten Meeres gleißte, war so hoffnungslos wie der matte Glanz seiner Augen, mit denen er unter geröteten Lidern in die Ferne spähte.

Jasobeam, der neben ihm saß, hatte nicht einmal den Kopf gehoben, lachte nur heiser auf: »Wasser ist da genug! Aber trink es nur, Sohn Dodos!«

»Ich weiß«, flüsterte der andere mit trockenen Lippen, »verflucht ist der See, seit der Herr Feuer und Schwefel über das Tal von Siddim fallen ließ.« Er schwieg, als ginge das Sprechen über seine Kräfte, würgte nach einer Weile noch hervor: »Ah, was gäbe ich für einen Trunk lebendigen Wassers!«

Im Schatten, der schwarz und drohend über der grottenähnlichen Einwölbung der Bergwand lag, bewegte sich etwas; ein Krieger schob sich ins Helle, tief in den Höhlen seines eingefallenen Gesichts brannten die schwarzen Augen.

Eleasar wandte mühsam den Kopf: »Nun, Samma, was treibt dich aus dem Schatten in die Sonnenglut?«

Der Riese ließ seine durstigen Augen umherwandern und stieß heiser hervor: »Ihr redet von Wasser! Habt ihr einen Mundvoll davon?«

Jasobeam schüttelte sich unter einem stummen Lachen, keuchte dann aus trockenem Munde: »Zu den Philistern mußt du gehen und um Wasser bitten, Samma!« Seine Augen leuchteten plötzlich auf. »Ha, es muß diesen Ungläubigen doch mächtig in die Glieder gefahren sein, daß wir ihnen vor Kegila den Tanz verdarben!«

»Kannst du es ihnen verdenken?« fiel Eleasar ein, der bei der Erinnerung an das siegreiche Treffen auch aus seiner Müdigkeit zu erwachen schien. »Sie meinten, den Raub schon in Sicherheit zu haben, da kamen wir wie der Sandsturm über sie! Werde es nie vergessen, wie meisterhaft Joab uns aus den Schluchten heraus über sie hereinbrechen ließ!«

»Beim Herrn der Heerscharen: Ehe sie sich versahen, hatten sie die Hälfte ihrer Leute verloren! Was noch am Leben war, floh Hals über Kopf, so daß wir denen von Kegila alle geraubten Herden wiedererstatten konnten.«

»He, Samma, das war ein Tag, was? Kein Wunder, daß sie jetzt alles versuchen, uns in die Hände zu bekommen.«

»Beinah wäre es ihnen auch gelungen!« nickte Samma. »Und Saul hätten sie es zu danken gehabt, der herbeieilte, David in Kegila auszuheben. Ein Glück, daß wir noch rechtzeitig durch unsere Kundschafter erfuhren, daß die Philister uns den Weg nach Adullam verlegt hatten! So konnten wir gerade noch ausweichen und uns hierher wenden.«

»Ja, nun sitzen wir hier in der Wüste, belauert von Saul und den ungläubigen Hunden!«

Eleasar schwieg, atmete mit keuchenden Lungen, um nun, sehr ernst, hinzuzusetzen: »Nein, fangen sollen sie uns nicht, um uns, wie sie es einst mit Simson taten, in ihre Mühlen zu sperren. Aber klug haben sie es schon angestellt, um uns klein zu bekommen!«

»War kein schlechter Gedanke von ihnen, alle Brunnen zu besetzen!« nickte Samma. »Als ich bei Kegila zu euch stieß, hatte ich's mir anders erhofft! Vierhundert Mann waren wir da, Haudegen, die den Tod nicht fürchteten. Und nun? In alle Winde zerstreut!«

»Kriegslist ist das!« suchte Eleasar ihn zu beschwichtigen. »Wenn wir zusammengeblieben wären, wäre es unmöglich gewesen, die ganze Schar mit Wasser und Mundvorrat zu versorgen. War schon richtig so, daß David uns in kleine Gruppen aufsplitterte. Überall in Juda, von Adullam bis zum Salzmeer, von Jebus bis hinab zur Wüste im Mittagsland, schwärmen jetzt unsere Trupps und halten die Philister in Atem.«

»Na, ich weiß nicht, ob auf diese Weise ein Erfolg zu erringen ist«, warf Samma ein. »Mir scheint es vielmehr, als gewönnen die Ungläubigen die Oberhand. In allen größeren Orten haben sie eine Schildwacht, jeden Brunnen halten sie besetzt, auf allen Wegen lauern sie.«

»Oho!« ereiferte sich Jasobeam. »Warte nur ab, wie lange sie das durchhalten können! Unsere Trupps sind überall und nirgends: Heute überfallen sie einen Posten der Philister, morgen sind sie verschwunden, als habe der Erdboden sie verschluckt! Wo die ungläubigen Hunde zugreifen wollen, da fassen sie ins Leere, eben weil unsere Trupps klein sind, sich nach Belieben auflösen und wieder zusammenfinden. Und vergiß nicht, daß alle Einwohner Judas mit uns sind, uns Unterschlupf gewähren und unsere Spuren tilgen.« Er wandte sich nun ganz zu Samma herum und sah ihn groß an. »Hast du es nicht selber erst neulich erlebt, wie sehr sich unsere Kampfesweise bewährt?« Er schlug dem Riesen auf die Schulter. »War das ein Streich oder nicht?« Er fuhr herum zu Eleasar, legte ihm im Eifer die Hand auf den Arm: »Das hättest du sehen müssen, Sohn Dodos! Kommt da eine Hundertschaft Philister herangezogen, sollte wohl die auf der Ebene Rephaim ablösen. Wie sie am Linsenacker sind, brechen unsere Freischärler aus dem Gestrüpp! Wie der Hui ging das: Steinhagel, Pfeile, Wurflanzen! Zwanzig, dreißig Ungläubige wälzen sich im Staub, ehe die anderen zur Besinnung kommen. Aber dann haben sie sich gefaßt, bilden einen Keil, stoßen vor und werfen unsere Jungen zurück. Mit einem Male ist Samma da! Ja, hier dieser Samma Ben Ages! Hat im Handumdrehen den Anführer der Pelischtim gestellt, Eisen klirrt auf Erz, ein dumpfer Schlag, dann sinkt der Ungläubige mit gespaltenem Schädel in den Staub! Die anderen stutzen, versuchen sich zu sammeln, aber da ist Samma mitten unter ihnen, würgt sie wie der

Löwe die Lämmer! Plötzlich sind auch unsere Jungen, die vorher so gut laufen konnten, wieder zur Stelle, dringen Samma nach, sprengen den Haufen auseinander, mähen und mähen! Na, ich sage dir: Das war ein Getümmel! Und wie die Hunde laufen konnten! Ihre Schilde warfen sie fort und ihre Schwerter. Ich glaube, die sind bis nach Ekron in einem Atem gerannt!«

Jasobeam brach ab und fuhr sich mit der Zunge über die trockenen Lippen. »Puh! Reden ist heute schwerer als Kämpfen! Hast du noch eine Dattel, Eleasar? Ein wenig löscht es doch den Durst, wenn man auf dem Stein –« Er machte eine Bewegung der Überraschung, da eben ein Schatten über seine ausgestreckte Hand fiel, blickte auf und rief: »Ah, David! Bist du zurück vom Erkundungsgang? Nun, wie steht's vor Bethlehem?«

»Auch in Ephrata liegt eine starke Schar der Philister!« David ließ sich neben den dreien nieder, erklärte dann, da er ihre wißbegierigen Blicke bemerkte: »Selbst an dem Brunnen unterhalb des Tores lagern sie! Beinahe wäre ich ihnen in die Hände gelaufen, wenn mich nicht ein Kind gewarnt hätte.« Er warf sich herum und stützte den Kopf in die Hände. »Ja, da lag ich nun hinter der Mauer, die den Weingarten des Töpfers umschließt. Wenn wenigstens die Trauben schon reif gewesen wären! Doch sie sind noch ganz klein und so sauer, daß schon die eine, die ich versuchte, mir den Gaumen zusammenzog. Und hundert Schritte vor mir der Brunnen, der das köstlichste Wasser Bethlehems spendet!«

Die anderen sahen, wie sich die Knöchel seiner ins Kinn gekrallten Finger weiß unter der braunen Haut spannten, als er herausstieß: »Ich sah die Ungläubigen aus dem Brunnen schöpfen! Lachend verspritzten sie das Wasser, ich aber lag da und biß die Zähne zusammen.« Sein Blick riß sich von der Ferne los, sprang Eleasar an: »Sohn Dodos! Du bist wie ich aus Ephrata, kennst das Wasser und weißt, wie köstlich kühl es selbst in dieser Jahreszeit ist. Verstehst du, wie mich nach ihm verlangt? Einmal nur möchte ich wieder aus dem Brunnen trinken, der mich als Kind schon so oft gelabt hat, einmal nur – ach was!« Er sprang auf, schüttelte sich und sagte entschlossen: »Warten wir, bis Israel frei ist! Der Tag wird kommen, da Jakobs Kinder sich nicht mehr zerfleischen, sondern sich zusammentun, die Ungläubigen aus dem Lande zu vertreiben, das der Herr uns gegeben hat!«

Er wandte sich der Felshöhlung zu und ließ sich dort im Schatten nieder. Bald verkündeten seine regelmäßigen Atemzüge, daß der Schlaf ihn überwältigt hatte.

Lange schwiegen die anderen, um ihn nicht zu stören. Endlich flüsterte Eleasar: »Das Wasser, das der Brunnen unterhalb des Tores gibt, ist das beste weit und breit.« Er sah das spöttische Lächeln in Sammas Augen und fragte trotzig: »Du glaubst es wohl nicht?«

»Doch, doch!« erwiderte Samma leise. »Aber es löscht nicht gerade den Durst, wenn man vom Trinken redet!«

Eleasar gab sich einen Ruck: »Ich rede nicht nur vom Trinken, ich werde Wasser holen!«

»Dir hat die Hitze schon den Kopf verdreht!« lachte Samma. »Hast doch eben gehört, daß die Philister den Brunnen besetzt halten?«

»Laß sie doch! Wenn es dunkel ist, schleiche ich mich trotzdem hin!«

»Und wirst ergriffen!«

»Sie werden mich gar nicht sehen, da ich jeden Stein am Stadttor von Bethlehem kenne!« Eleasar erinnerte sich an den Schläfer und wisperte: »Soll er«, er wies mit einer Kopfbewegung auf David, »etwa vergeblich nach Wasser verlangt haben? Er, der Gesalbte des Herrn, hat sich's gewünscht, so soll er's auch bekommen! Ich jedenfalls schleiche mich hin, sobald die Sonne drüben noch eine Handbreit über den Bergen von Thekoa steht.«

»Und ich begleite dich!« trotzte Jasobeam.

»Wenn's so steht«, grinste Samma, »dann bin ich natürlich auch dabei. Oder meint ihr, ich ließe euch allein in eine Gefahr gehen?«

»Wie weit ist's denn bis Bethlehem?« wollte Jasobeam von Eleasar wissen.

»Wenn wir bei dem Sonnenstand, den ich angab, aufbrechen, werden wir die Stadt gerade bei Anbruch der Dunkelheit in der Ferne vor uns sehen. Im Schutz des Dämmerlichts wird es uns nicht schwerfallen, durch die Gärten und Weinberge bis in die Nähe des Brunnens zu schleichen. Ich schätze, daß wir bis Mitternacht alles hinter uns haben.«

So heiß der Tag gewesen war, so kühl wurde die Nacht. Wohl hatten die Felsen die Wärme, an der sie sich satt getrunken, noch eine Weile zurückgestrahlt, doch dann, als auch der letzte Schimmer des Tierkreislichtes am Westhimmel verglommen war, fiel die Kälte wie ein eisiger Schleier über das zerklüftete Land. Doch der einsame Schläfer unter dem überspringenden Felsen spürte sie nicht. Unbewußt hatte er im Schlaf die Decke an sich gerafft, lag nun zusammengerollt wie ein Schakal, der sich in die Felsritzen verklüftet hat. Ein- oder zweimal stöhnte der Schläfer wohl auf, doch es war nicht die Kälte der Bergnacht, die seinen Erschöpfungsschlaf störte, es war der Durst, der sich immer wieder meldete.

Leise war der Mond über den Gefilden Moabs emporgestiegen, übergoß nun mit seinem milchigen Schein die wildzerklüfteten Berge Judas, ließ die schwarzen Schluchten noch schärfer hervortreten und gab dem toten Land ein unwirkliches Gesicht.

Mit einem plötzlichen Ruck richtete der Schläfer sich auf. Ein leises Klingen war in sein Ohr gedrungen, und mochte der Schlaf der bleiernen Müdigkeit ihn auch noch so tief umfangen haben, der schwebende Ton hatte es doch vermocht, in die Tiefen seines Schlafes zu dringen. Die Augen ins Dunkel gebohrt, tastete David nach dem Goliathschwert, das neben ihm lag.

Drei Gestalten wuchsen jetzt aus der Schwärze empor, tauchten ins Silberlicht, das der Mond über den Hang warf.

Beruhigt lehnte der Sohn Isais sich zurück, hatte er doch trotz der ungewissen Beleuchtung die Nahenden erkannt.

»Was war's, das euch in die Schlucht steigen ließ?« empfing er die Freunde. Überrascht verhielten die drei ihren Schritt, da sie ihren Anführer wach sahen. »Waren fremde Geräusche in der Nacht?« forschte David.

»Nein, nichts!« gab Eleasar zurück. »Philister sind nicht in der Nähe.«

»Nun, wozu steigt ihr dann in die Schlucht?« wiederholte der Sohn Isais seine Frage.

»Wir waren nicht in der Schlucht, wir –« David spürte das Zögern Sammas, erhob sich und trat hinaus auf die Felsterrasse, die im bleichen Schein des Mondes lag. Aufmerksam suchte David in des Kampfgefährten Gesicht zu forschen, bemerkte nun mit Erstaunen, daß Jasobeam seinen Helm mit der Höhlung nach oben ihm entgegenhielt.

»Hier! Wasser haben wir dir gebracht!« Jasobeam versprach sich, mußte sich räuspern. »Vom Brunnen am Tor zu Bethlehem.« Er drängte dem Sohne Isais den Helm in die Hand: »Nimm doch! Trink!«

Mit großen Augen starrte David auf den Helm, aus dessen Grunde ihm das auf- und niedertanzende Spiegelbild des Mondes entgegenzulachen schien.

»Wasser vom Torbrunnen Ephratas!« David hatte die Worte geflüstert, scheu und fast ehrfürchtig.

»Ja doch!« drängte Jasobeam. »Für dich haben wir's geholt. Wenig ist es zwar, doch reicht's, deinen Durst fürs erste zu löschen.«

»Mehr konnten wir nicht bringen«, keuchte Eleasar. »Eben als wir den Helm vollschöpften, schlug der Philisterposten Lärm. Mit knapper Not entrannen wir, das meiste Wasser wurde verschüttet, da wir über Weinbergmauern fliehen mußten, um die Verfolger abzuschütteln.«

Sinnend stand David, fragte dann, ohne den Kopf zu heben: »Und ihr? Habt ihr zuvor euch satt trinken können?« Und dann, da keine Antwort kam, forschte er dringender:

»Nun sagt's schon! Trankt ihr, bevor ihr den Helm fülltet?«

Mit einem Ruck hob er den Kopf, sah die anderen mit hängenden Schultern und geneigten Häuptern stehen. Er konnte nicht auf ihren Gesichtern lesen, da diese im Schatten des hinter ihnen stehenden Mondes lagen, spürte aber, daß ihre Augen an dem Helm hafteten, nach dem Wasser lechzten, das da, dicht vor ihnen – »Ich verstehe!« Spröde klang Davids Stimme; man hörte ihr an, wie schwer es ihm fiel, die vor Durst geschwollene Zunge im trockenen Munde zu bewegen. »Ich verstehe: Ihr fülltet den Helm, wolltet hernach selber trinken. Da sah euch der Posten, ihr mußtet fliehen, den Brunnen im Stich lassen –« Jubelnd schwang seine Stimme sich jetzt auf, sang hell durch die Nacht: »Habt Dank für eure Liebe, meine Brüder! Habt Dank, daß ihr nicht an euch und euren Durst dachtet, sondern an mich!«

Sie lauschten verwundert, sahen jetzt, wie er die Augen zum nächtlichen Himmel erhob: »Hab Dank, Herr, daß du mir diese Freunde gabst! Ja, meine Seele schrie nach dem Brunnen von Ephrata, wie der Hirsch schreit nach frischem Wasser! Doch nun, Herr, hast du meine durstige Seele gesättigt, besser, als Wasser es je vermocht hätte. Nun weiß ich: Wenn alle Quellen versiegen und alle Brunnen trocken liegen, Freundestreue, die du in Männerherzen säst, verdorrt nimmermehr! Treue hielten mir diese, da du sie dazu stark machtest; Treue halten wirst du, Herr, noch viel mehr, da du mich ja erwählt hast!«

»Halt ein!« Samma war vorgesprungen, versuchte David in den Arm zu fallen. Zu spät! Aufsprühte im Silberlicht des Mondes der Strahl des verschütteten Wassers, erlosch im dunkel des rissigen Felsbodens und verrann!

»Was tust du?« keuchte Jasobeam und rüttelte David an den Schultern.

Ein leises, aber glückliches Lachen brach von den Lippen Ben Isais: »Ich opfere dem Herrn Dank! Ihm sei das Wasser zum Opfer gebracht, das ihr vom Brunnen Ephratas holtet.«

»Dir war's zugedacht! Du solltest trinken, damit deine Seele nicht verschmachte!«

»Der Durst meiner Seele ist gestillt; sagte ich's nicht?« David legte die Arme um die Schultern der Freunde, die noch immer ratlos standen. »Trinken sollte ich's? – Wie konnte ich? Wie Verrat an eurer Treue wär's mir vorgekommen, hätte ich getrunken, während ihr durstig bliebt!« Er hob den Kopf, und sie sahen im kalten Licht des Mondes, wie ein Leuchten aus seinen Augen sie ansprang. »Nein, Freunde, wenn ihr dürstet, so dürstet der Sohn Isais auch!«[13]

»Du, du bist der – Gesalbte des Herrn!« Eleasar würgte es heraus, und man wußte nicht, machte der durstzerrissene Mund es ihm schwer, zusammenhängend zu sprechen, oder war's etwas anderes.

Davids Hände lösten sich von den Schultern der Freunde. Er trat zurück und sagte leise: »Und wenn ich das bin, so habe ich gerade darum zu dienen und nicht zu herrschen! Andere, die aus eigener Macht sich Könige nennen, mögen herrschen; wen aber die Gnade des Höchsten überschattet, der muß dienen können.«

Er straffte sich, trat ins Dunkel der Felswand zurück und sagte, ganz brüchig vom Durst klang nun wieder seine Stimme: »Laßt uns den Rest der Nacht ruhen. Der Herr, der meine Seele still gemacht hat, wird auch den Durst unserer Leiber löschen.« –

Das erste fahle Licht des nahenden Tages kroch leise über die Berge, die jenseits der Jordanebene wie eine schwarze Mauer die Welt zu begrenzen schienen, doch über der Steinwüste Judas lag dunkel geballtes Gewölk. Grell schnitt ein Wetterleuchten durch die Finsternis. Einer der Schläfer dort unter der Felswand fuhr hoch, richtete sich empor, rüt-

[13] Diese 1. Chr. 11,15–19 berichtete Geschichte wird später auch anderen Großen zugeschrieben, ein Beweis dafür, welch tiefen Eindruck dies edle Verhalten Davids auf spätere Geschichtsschreiber gemacht hat.

telte nun die andern wach: »Auf, auf! Ein Gewitter zieht heran!«

»Ein Gewitter? In dieser Jahreszeit?« Samma rieb sich die Augen und schüttelte ungläubig den Kopf. »Und ausgerechnet vor Sonnenaufgang?«

Ein Blitz zickzackte aus den Wolken, fuhr auf einen der Gipfel nieder, die dort im Westen sich türmten. Dumpf rollte der Donner hernach, als wollte der Himmel selber eine Antwort auf Sammas Frage geben.

»Es zieht von Süden herauf!« Eleasar hatte es gesagt, und man spürte seinen Worten das Staunen an, das auch er empfand. Das fahle Licht im Osten war zu einem schmalen Streifen zusammengekrochen, niederzuducken schien es sich vor den wirbelnd ziehenden Wolken, die in lautloser Eile nach Norden stürmten.

Eleasars Kopf fuhr herum, seine Augen blieben auf dem Sohn Isais haften, der versonnen nach oben schaute. Ein Windstoß kam, griff in Davids Haar und warf es ihm über die Stirn. Ein Lächeln flog über Davids Gesicht. Eine Erinnerung sprang ihn an: Hatte so nicht, als er noch ein Kind gewesen, die Mutter ihm die widerspenstigen Locken ins Gesicht gestrichen? War nicht der Wind, der das Wetter dort vom Sinai heraufführte, wie Mutters Hand, die –

Ein Erschauern rann über Davids Nacken: Mutters Hand war der Wind? Nein, Hand des Herrn! Vom Sinai her blitzt der Heilige Israels! Wie er einst zu Mose sprach, dort im brennenden Busch, auf dem Berge dann aus der Feuersäule, als er seinem Propheten das Gebot gab »Ich bin der Herr, dein Gott!« War der Herr nicht in der Wolke, die dem Volk den Weg durch die Wüste wies? War er's nicht, der im Rauch die Stiftshütte füllte und seine Gegenwart anzeigte?

Benommen starrte Eleasar auf Davids Gesicht, das dem Himmel entgegengereckt war, zu leuchten schien wie in einem überirdischen Licht. War das nur der Schein der nun pausenlos zuckenden Blitze? Oder, Eleasar mußte sich schütteln vor heiligem Grauen, war es das Licht, das einst die Kinder Israels auf dem Gesicht Moses' glänzen sahen, da er mit Gott geredet hatte?

Eleasar beugte sich vor, hatte nun Davids Augen, die weit offen nach oben schauten, dicht vor sich: Ja! Der Sohn Isais sah mehr als Blitz und Feuer, erblickte mehr als Wolken und stiebende Staubfahnen! Was sah er? Wen? Welche Worte formten seine Lippen? Welche? –

»Jahwe und seine Heerscharen!« Geflüstert nur hatte es David, doch Eleasar hatte es von seinen Lippen abgelesen, obwohl der Donner die Worte verschlang.

»Die Stimme des Herrn geht über den Wassern,
der Gott der Ehren donnert,
der Herr über großen Wassern!
Die Stimme des Herrn sprüht Feuerflammen;
die Stimme des Herrn erregt die Wüste!«

Doch jetzt flog es wie ein Erwachen über das Gesicht Davids: »Die Decken her, Freunde! Breitet sie aus! Der Herr, der im Gewitter einherzieht, wird seinen Segen über das dürstende Land gießen.«

Im strömenden Regen standen sie, die Arme ausgestreckt, fingen das fallende Wasser mit ihren Decken, füllten ihre in Bast geflochtenen Tonkrüge und die Helme, setzten nun, da diese alle zum Überlaufen voll waren, selber die Lippen an die triefenden Decken, sogen und tranken in schweigender Lust. Ein Rauschen kam aus der Tiefe der Schlucht, schäumend toste Wasser dort unten, wo Monate lang nur Schotter und Kiesel den Grund bedeckt hatten.

So plötzlich, wie der Guß begonnen hatte, versiegte er wieder. Die Sonne, die hinter der dunklen Gewitterwand über die Moabiterberge geklettert war, brach durch letzte Wolken, blitzte in tausend Tropfen, die auf Fels und Gestein sprühten. Nach Norden zog die dunkle Masse des Gewitters, doch gegen Abend hin, wo wie ein langhingestreckter Arm eine Wolkenbank sich nachschleppte, leuchtete über den Bergen Judas vielfarbig ein Regenbogen.

»Das Zeichen des Herrn!« Jasobeam hatte seine triefende Decke fallen lassen, hob jetzt den Arm und wies auf das himmlische Wunder im Westen. »Seinen Bogen hat Er gesetzt in die Wolken als Zeichen des Bundes, den Er mit Noah schloß!«

»Nicht aufhören soll, solange die Erde steht, Saat und Ernte, Frost und Hitze, Sommer und Winter, Tag und Nacht!« Feierlich hatte David die Worte gesprochen, fügte nun hinzu: »Er steht zu seinem Bund, hat auch unser nicht vergessen. Da wir schrieen zu Ihm, stillte Er unsern Durst und sättigte die hungrige Seele!«

Mit leuchtenden Augen sah Eleasar auf den Sohn Isais und sagte mit verhaltener Freude: »Er wird das Zepter nicht von Juda entwenden, bis daß der Held komme; und demselben werden die Völker anhangen.« Er griff nach Davids Hand und flüsterte, das Gesicht zu den Freunden gewandt: »Du, Sohn Isais, bist der Held, den unser Vater Jakob sah, da er seinen Sohn Juda segnete!«

Unwillig schüttelte David Eleasars Hand ab und erwiderte: »Elend bin ich und arm. Gott eile zu mir! Er sei mein Helfer und Erretter! Ihn lobe Himmel, Erde und Meer und alles, was sich darin regt!«

Ein Spieß und ein Becher

»Haben unsere Kundschafter richtig gesehen?« Die Männer, die um das Feuer gesessen hatten, waren aufgesprungen und umdrängten David, kaum daß dieser aus dem Dunkel der Nacht in den Lichtschein getreten war.

Mit einer knappen Handbewegung forderte der Sohn Isais sie auf, wieder Platz zu nehmen, wies dann, als sie um die geduckt züngelnden Flammen saßen, auf die Hammelkeule, die Abisai über das Feuer hielt. Wortlos reichte jener sie ihm herüber, sah zu, wie der vom weiten Weg Hungrige es sich schmecken ließ. Nun, da David den blankgenagten

Knochen in die Steine warf, langte Joab hinter sich, reichte jetzt einen Weinschlauch her: »Koste einmal den! Wuchs auf den Hängen Ephratas.« Er lachte. »Wie wir dazu kommen? Nun, Asahel brachte ihn von seinem letzten Spähgang mit. Einer unserer Treuen dort drückte ihm den Wein in die Arme: Für den Sohn Isais!«

David hob den Schlauch und preßte mit der Hand die pralle Wölbung, daß ein feiner roter Strahl aus dem Vorderlauf des Ziegenbalges, aus dem der Weinschlauch gefertigt war, hervorschoß. »Fürwahr, nach Sonne duftet er und dem herben Boden Ephratas!« Er reichte, nachdem er sich gelabt hatte, den Schlauch zurück, lehnte sich gegen den Stein in seinem Rücken und sagte: »Laßt mich nun berichten! Ja, unsere Kundschafter haben recht gesehen, Saul ist wieder da. Die von Siph müssen's ihm hinterbracht haben, daß wir hier am Berge Hachila lagern. In Gewaltmärschen ist er mit mehr als tausend Mann herbeigeeilt, um uns zu überraschen.«

»Genau wie vor vier Monden!« warf Asahel ein.

»Genau so!« nickte der neben ihm. »Nur, daß es damals nicht zur Ausführung seiner Pläne kam.«

»Weil die Philister aus ihren Höhlen gekrochen waren, um in Israel einzufallen!« Joab strich sich den Bart, knurrte dann: »Fürchte, diesmal werden uns die Philister nicht den Gefallen tun, gerade im rechten Augenblick in Sauls Rükken aufzutauchen. Sie sind recht still geworden, seit sie ihre Schildwachen zurückzogen. Wie es scheint, beschränken sie sich jetzt darauf, die Grenzen zu überwachen. Jedenfalls haben wir seit längerer Zeit keine ihrer Streifscharen mehr zu Gesicht bekommen.« Er wandte den Kopf zu David. »Hast du Saul und die Seinen sehen können?«

»Ich habe ihr Lager umschlichen.« David wies mit der Hand nach Norden. »Drüben, jenseits der Höhe haben sie sich zur Rast niedergelassen. Von dem Steilhang aus, von dem wir gestern nach Siph hinüberspähten, kann man ihr Lager gut überblicken.«

»Wenn man wüßte, was Saul im Schilde führt!« Ahimelechs Worte riefen auf des jungen Asahel Gesicht ein leises Lächeln hervor. Joab, der es bemerkte, schüttelte mißbilligend dazu den Kopf und warf dem jüngeren Bruder einen Blick zu, den dieser sehr wohl verstand. Nun ja, ein kreuzbraver Kerl war dieser Ahimelech, aber war es nicht drollig, wie er an den tiefen Kehllauten der hebräischen Sprache herumwürgte? Und dabei war es doch schon Jahre her, daß er, der gebürtige Hethiter, als Söldner bei Saul Dienst genommen hatte. Aber Joab hatte recht, ein Mann belächelt nicht die eigenwillige Zunge eines Fremdstämmigen!

»He, Ahimelech!« Asahel beugte sich zu dem Hethiter hinüber, wie wenn er damit seinem Bruder Joab zeigen wolle, daß er jenem wohlgesinnt sei. »Was trieb dich eigentlich dazu, Saul zu verlassen und zu uns zu stoßen?«

Der Gefragte runzelte die Stirn, gab dann zur Antwort: »Der König beleidigte mich! Ich weiß gut genug, daß ich eure Sprache nie so beherrschen werde wie ihr, die ihr hier geboren seid. Doch bin ich etwa ein Kind, daß er mich nachäfft?« Erregt fuhr er fort: »Geboten wir Hethiter nicht über halb Asien? Ist es eines Königs, dessen eigener Thron schon wankt, würdig, den Abkömmling eines Volkes zu verspotten, das durch den Zorn der Götter vom Gipfel der Macht in die Tiefe der Bedeutungslosigkeit gestürzt wurde? Unser Vasall wäre Saul, wenn nicht die vom Rande der Welt hervorbrechenden Nordvölker das Reich meiner Väter zerstört hätten!« Er schüttelte grimmig die Faust. »Wahren soll sich der König Saul, daß nicht auch ihn die Geißel der Götter vom Throne fegt!«

»Du meinst, es seien die Philister gewesen, die das Reich von Chatti vernichteten?«

»Wenn nicht die Philister selber, so doch Männer ihrer Art, blondhaarige wilde Riesen, ungeschlachte Barbaren, die von Mitternacht her in unser Reich brachen und das herrliche Chatti zerstörten.«

Er erhob sich, blickte sich herausfordernd um und stieß

hervor: »Wer kommt mit, Sauls Heerlager zu beschleichen? Ich kann jetzt, da die Erinnerung an den Untergang meines Volkes in mir wach ist, nicht schlafen. Also, wer begleitet mich?«

»Ich!« schnellte Abisai hoch. Joab wollte den Mund öffnen, wohl um etwas dagegen zu sagen, doch David winkte mit der Hand ab, sagte dann: »Es kann nichts schaden. Die Nacht ist so dunkel, daß keine Gefahr für uns besteht.«

»Für uns?« Joab blickte den Sohn Isais erstaunt an, wiederholte dann: »Für uns? Du willst doch nicht etwa mit ihnen gehen?«

»Doch!« David reckte die Arme. »Ich muß wissen, was Saul für morgen plant. Vielleicht können wir uns so dicht heranschleichen, daß wir sie belauschen können.«

»Laß mich mit euch gehen!« bettelte Asahel, doch David wehrte ab: »Drei Männer sind genug für einen Spähergang. Eine größere Schar wäre bei einem solchen Unternehmen nur hinderlich, da sie zu leicht bemerkt würde. Joab, du übernimmst hier das Kommando, stellst Posten aus, damit Sauls Leute nicht etwa unvermutet über euch kommen. Ehe der Mond aufgeht, sind wir zurück. Ich hoffe dann zu wissen, was wir morgen zu tun haben.« Er wandte sich bereits zum Gehen, trat dann jedoch noch einmal zum Feuer zurück und fragte Joab: »An Abjathar und seine Schar hast du schon Nachricht geben lassen, daß der König vor Siph liegt?« Er sah, daß Joab stumm Antwort nickte, überlegte kurz und sagte dann: »Halte einen Mann, der das Land gut kennt, bereit. Er muß, sobald wir Sauls Pläne kennen, Abjathars Schar benachrichtigen. Dieser mag dann seinerseits unsere andere Streifschar, die unter Itthai nach Engedi zu hält, von der Lage in Kenntnis setzen.«

»Und Benaja?« warf Joab ein.

»Dem kannst du sogleich einen Boten senden«, gab David nach kurzem Besinnen zurück. »Es genügt, daß er Sauls Anwesenheit erfährt. Unmittelbare Gefahr droht ihm nicht, da er mit den Seinen weit im Süden streift, um dort die Hirten der Abteilung Kaleb vor den Räubern der Wüste zu schützen. Er wird, wenn er weiß, daß der König hier ist, dann schon selber die richtigen Entscheidungen treffen können. Noch eins: Die Feuer hier laß nun, da unsere Leute gegessen haben, löschen, damit Sauls Späher nicht herausfinden, wie nahe wir seinem Heerhaufen sind.« Schon wollte er sich endgültig abwenden, als ihm noch etwas einfiel. »Sag', Joab: Mit Fleisch und Mehl sind wir doch, falls wir weiter in die Wüste ausweichen müssen, ausreichend versehen?«

»Da hat's keine Not!« lachte Joab. »Du weißt ja, die Herdenbesitzer Judas und Kalebs versorgen uns gut, seit sie gespürt haben, wie nützlich unsere Anwesenheit für sie ist. Seit Wochen schon ist kein Schaf mehr von den Räubern geholt worden. Kein Wunder daher, daß die großen Herren, deren Herden hier weiden, gern an uns denken und uns manch guten Happen zukommen lassen.«

»Dann wollen wir gehen!« David winkte dem Hethiter und Abisai, nach wenigen Schritten schon hatte die Nacht sie verschlungen. –

Obwohl die drei Späher mit aller Vorsicht den Berghang erklommen, konnten sie es doch nicht vermeiden, daß hin und wieder ein Stein unter ihren Füßen ins Rollen kam. Atemlos standen sie dann und lauschten, suchten die Schwärze der Nacht zu durchdringen, um jede Gefahr schon vorher zu erahnen. Doch kein Postenruf kam, kein Waffenklirren.

»Nun noch die letzte Steilung!« flüsterte David. »Haben wir den Grat erreicht, sehen wir das Lager am jenseitigen Hang vor uns.« Behutsam klommen sie höher, sahen jetzt, daß ein leichter Schimmer auf den Schroffen über ihnen lag. Als schmaler Pfad öffnete sich nun eine Kluft.

»Hier hinein, Abisai! Nimm meine Hand, Ahimelech! Vorsicht!«

»Du weißt hier Bescheid, Ben Isai?«

»Ich ging vorhin schon den gleichen Weg.«

»Meine Hochachtung, daß du ihn trotz der Dunkelheit wiederfandest! Ah, da vor uns wird's hell!«

»Ja, wir müssen uns jetzt nach rechts halten, wo die Felsnase Schatten gibt. Übrigens wird es bald dunkler werden. Seht einmal hinüber: Saul scheint ruhen zu wollen. Eben winkt er den Wachen, die Feuer zu ersticken. Sie werden nur einige kleine Wachtfeuer erhalten, die großen aber, an denen sie ihre Abendmahlzeit bereiteten, ausgehen lassen.« Er spähte hinter den Felsen hinüber, flüsterte: »Die Wachen sind als Einzelposten ausgestellt. Das ist schade, denn nun besteht keine Möglichkeit, daß wir aus unvorsichtigen Gesprächen etwas erlauschen können, was der Fall wäre, wenn sie zu zweit oder dritt wachten.« Er musterte scharf das Feldlager drüben. »Ich vermute, daß der König sich im innersten Lagerring zum Schlaf niederlegen wird.«

»Ich fürchte, das erschwert unsere Absicht«, raunte Abisai, doch David flüsterte zurück: »Im Gegenteil, mitten zwischen den Lagernden wird es so dunkel sein, daß wir uns leicht in Sauls unmittelbare Nähe wagen können.«

»Doch erst haben wir die Posten und die Lagernden zu durchschleichen!« gab Ahimelech zu bedenken.

David winkte ab. »Die Krieger bilden keinen geschlossenen Ring. Seht ihr, dort drüben, wo die Schlucht sich heranzieht, liegen keine Schläfer.«

»Hinunter also in die Schlucht da rechts!« nickte Abisai. »An ihrem Hang müssen wir dann aufwärts steigen, um unmittelbar unterhalb des Lagers ihren Rand zu erreichen. Los denn!«

Es war ein waghalsiges Unternehmen, da sie jeden Schritt erst mit den Füßen ertasten mußten. So dauerte es lange, sehr lange, bis sie die Stelle erreichten, von der Abisai gesprochen hatte. Doch nun sahen sie, daß ihre Mühe belohnt wurde. Kein Schläfer lag hier, wo das Gelände jäh in die Tiefe abfiel. Und die wenigen Wachen, die hier und da standen, waren deutlich zu sehen, da ihre Gestalten sich klar gegen den Sternhimmel abhoben.

»Weiter nach rechts!« zischte David. »Dann sind wir gerade in der Mitte zwischen den beiden Posten, die da vorn stehen.«

Vorsichtig schoben die drei Späher sich weiter, verhielten dann, um zunächst einmal zu lauschen und das Innere des von den Lagernden gebildeten Kreises zu überblicken.

»So finster ist es hier«, raunte Abisai, »daß man nicht einmal sehen kann, ob der König allein hier ist oder andere bei ihm lagern.«

»Schade wär's, läge er allein«, gab David ebenso leise zurück, »weil es dann nichts zu erlauschen gibt. Doch warten wir, ob wir Stimmen hören.«

Eins der Wachtfeuer weit draußen loderte jetzt heller auf und warf durch eine Lücke gerade gegenüber einen schmalen Lichtstreifen in das dunkle Rund. Unwillkürlich stieß der Hethiter den Sohn Isais an: Der Lichtschein, so schwach er war, genügte doch, um einen einzelnen Schläfer sichtbar werden zu lassen, der dort, fast in der Mitte der Wagenburg in seine Decke gerollt lag. Ein Spieß ragte zu seinen Häupten, und etwas Helles blinkte im rötlichen Flackern des fernen Wachtfeuers.

»Der König!« David hatte es geflüstert, doch Abisai fragte zurück: »Wie willst du das behaupten? Er hat sich so fest in seinen Mantel gewickelt, daß sein Gesicht nicht zu sehen ist.«

»Aber es ist sein Spieß!« raunte David. »Ich kenne den nur zu gut!«

»Es ist gerad' der, mit dem er –?«

»Mit dem er nach mir warf!« vollendete David.

Einen Augenblick war es still, dann drängte Abisai: »Laßt uns hinkriechen! Es ist keine Gefahr!«

»Und doch ist es gut, wenn einer hierbleibt, um uns den Rückzug zu decken! Ahimelech?« »Schon gut!« murmelte der Hethiter. »Geht! Ich achte derweilen auf die Posten.«

Dicht an den Boden geschmiegt schoben die beiden Späher sich vorwärts. Waren da nicht die leisen Atemzüge eines Schlafenden? Ja, hier dicht vor ihnen lag der König! Vorsichtig tastete Davids Hand nach der Decke, in die Saul sich gerollt hatte, glitt jetzt nach des Königs Gürtel – da sah er Abisais Gestalt vor sich gegen den schimmernden Nachthimmel emporwachsen! Wahrhaftig, der Sohn der Seruja hatte sich aufgerichtet, packte jetzt Sauls Spieß und zog ihn aus der Erde. Nun bückte er sich nieder, seine linke Hand griff nach David, bekam dessen Schulter zu packen.

»Hier ist Sauls Spieß!« keuchte es dicht an Davids Ohr. »Der Herr hat uns den König in die Hand gegeben! Bezahlen soll's jetzt Saul, daß er diesen Spieß gegen dich schleuderte!« David sah, wie der Freund sich emporreckte, den Speer zum Stoße hob, hörte ein Zähneknirschen und die Worte: »Mit einem einzigen Stoß will ich ihn an die Erde nageln –« Da schnellte David hoch, packte die Waffe, eben als sie niedersauste, und lenkte sie zur Seite!

»Was soll das?« Zu laut kam die erregte Frage Abisais! »Still jetzt und fort!« zischte David, setzte heiser hinzu: »Doch den Spieß nimm mit!« Abisai fühlte einen heftigen Stoß in die Seite, taumelte, sah noch, wie der Posten dort links argwöhnisch herüberlauschte, dann duckte er sich und kroch eilig zurück.

Eine Hand streckte sich her, ah, der Hethiter war's! »Schnell weiter!« hörte er Davids Stimme hart hinter sich. Sie wanden sich zwischen den Schlafenden durch, etwas Klingendes, das David in der Hand hielt, stieß gegen einen Stein. Doch da war schon die Schlucht. Vorsichtig nun, daß wir nicht ins Bodenlose stürzen! Ein Stein rutscht weg, stürzt kollernd in die Tiefe. Der Posten oben steht und lauscht ins Dunkel, doch schwarz liegt da unten die Finsternis, in deren Grund jetzt die drei Späher stehen, hinaufschauen und dann nach Süden hasten.

Aufwärts geht es jetzt, schon sind sie mit dem Lager da drüben auf gleicher Höhe, sehen es jetzt gar unter sich liegen. Da kann Abisai nicht mehr an sich halten: »Warum hindertest du mich, Saul an die Erde zu spießen?«

Der Sohn Isais ist stehen geblieben, sein Gesicht ist nicht zu erkennen, aber deutlich kommt seine Stimme aus der Nacht: »Wer wollte die Hand an den Gesalbten Gottes legen? Meinst du, der Herr ließe den Mann ungestraft, der den König ermordet?« Die Hand Davids ist plötzlich da, tastet nach der Abisais. »Versteh' doch: Des Königs Leben steht allein beim Herrn. Er hat ihn gesalbt und eingesetzt, er allein darf ihn abrufen.«

Abisai suchte noch nach Worten, als seine Finger gegen etwas Festes, Glattes trafen, das David in der Hand hielt. Kalt fühlte es sich an, wie Metall, und rund, fast wie eine Glocke? Ah, war da vorhin, als sie sich unter den Wagen durchwanden, nicht ein Klingen gewesen? »Was hältst du da in deiner Hand, David?« forschte er.

»Der Becher ist's, den ich Saul vom Gürtel löste.« Abisai schüttelte den Kopf, dann, als ihm einfiel, daß der Sohn Isais das ja nicht sehen konnte, fragte er hastig: »Der Becher? Was soll's mit ihm? Ich begreife dich nicht!« Er stieß unwillig Sauls Speer in den Boden. »Da soll ich den Spieß des Königs mitnehmen, und du hast, wie ich jetzt höre, seinen Becher! Da werde ein anderer draus klug!«

»Du wirst gleich sehen!« David war an den Rand der Schlucht getreten, legte jetzt beide Hände vor den Mund und rief: »Auf, Abner! Auf, du Sohn Ners!« Die Wachen drüben fuhren herum, starrten herüber; Krieger schraken aus leisem Schlaf empor, warfen die Decken zur Seite und tasteten nach ihren Waffen.

»He, Abner! Hörst du nicht?« Die Felswand warf Davids Ruf unnatürlich verstärkt zurück, so daß das Echo wie Trompetenhall über das Lager drüben hinrollte. Eine Bewegung entstand jetzt dort, wo Sauls Offiziere lagerten. Einer sprang hin zum Feuer, warf trockenes Reisig darauf, daß die Flammen hochauf loderten und mit ihrem Schein die Gestalt übergossen, die da jetzt auf einem Felsblock stand.

»Das ist Abner«, stieß Ahimelech Abisai an. Sie sahen, wie der Feldherr den Mund zum Rufen öffnete, Sekunden später kam der Hall der Worte über die Schlucht: »Wer ist es, der da schreit und den Schlaf des Königs zu stören wagt?«

»Fein hast du über das Leben deines Königs gewacht!« schrie David zurück. »Da nennst du dich den Feldobristen, dem keiner in Israel gleichkommt! Und schläfst, während die Späher des Feindes durch dein Lager schleichen! Es ist nicht dein Verdienst, Sohn Ners, daß Saul noch lebt. Sieh her!«

Die Flammen drüben waren jetzt hell genug, auch den diesseitigen Rand der Schlucht zu erleuchten. Sie alle drüben mußten David nun sehen, wie er da hart über dem Abgrund stand, Sauls Spieß und Becher in den hocherhobenen Händen.

»Schau her, Abner, wachsamer Feldherr eines schlafenden Königs! Ist dies der Spieß deines Herrn? Ist dies sein Becher?«

Totenstill war es geworden, erstarrt standen die Krieger, blickten fassungslos über die Kluft auf den Sohn Isais.

»So gut wachtest du, Abner, daß ich mit meinen Getreuen in euer Lager schleichen konnte! Ha, da stand ich neben dem schlafenden König! Sein Leben lag in unserer Hand, so wahr ich hier Sauls Spieß und Becher halte, die ich von seiner Seite nahm.«

David brach ab. Auch ohne Abisais Anruf hatte er bemerkt, wie drüben eine hochgewachsene Gestalt sich zwischen den Wagen hervorgeschoben hatte, jetzt auf einem Stein stand und herüberspähte. Zu weit war es, als daß man Sauls Gesicht hätte erkennen können, doch seine ganze Haltung verriet, wie bestützt er war. Da, nun ermannte er sich, rief mit einer Stimme, in der echte Erschütterung schwang: »Ist das nicht deine Stimme, mein Sohn David?«

»Es ist meine Stimme, mein Herr und König!« kam es aus der Nacht. »Warum verfolgst du mich? Was habe ich Übles gegen dich getan, daß du mir nach dem Leben steht? Bin ich ein Rebhuhn, daß du mit Treibern und Jägern gegen mich ausgezogen bist?«

Saul sah nicht mehr die drei da drüben am Felshang, sah auch nicht die tausend Augenpaare, die hier im Feldlager sich auf ihn richteten; er sah nur sich selbst, wie er damals, in jener dunklen Stunde, den Spieß hob und gegen den harfenden David schleuderte! Er hörte noch einmal das Sausen der hinzischenden Waffe und fuhr zusammen, als sie ins Holz der Täfelung krachte! War das gestern gewesen? Oder lag eine Ewigkeit zwischen jener düsteren Stunde und heut'?

Er schlug die Hände vors Gesicht: »David, mein Sohn David! Ja, ich habe gesündigt wider dich und unrecht gehandelt an dir!« Er vergaß die schweigend stehenden Krieger, alle Würde fiel von ihm ab wie ein fadenscheiniger Mantel. Da war nur noch David, da war nur noch die eigene Schuld! »Komm wieder, David, mein Sohn! Komm wieder! Ich will dir von nun an kein Leid tun, darum daß du meiner Seele heute geschont hast!« Er starrte aus Augen, die vor Tränen nicht sahen, hinüber, schrie gellend auf: »Ja, ich habe töricht und sehr unklug gehandelt an dir!«

»– an dir!« äffte höhnend das Echo der Felswand zurück. Weit vorgeneigt stand der König und lauschte. Ja, da war Davids Stimme! Doch wie aus weiter, weiter Ferne kam sie an Sauls Ohr: »Hier ist der Spieß des Königs und sein Becher! Einer der jungen Krieger mag herüberkommen und sie holen.«

»Und du, mein Sohn David? Und du?«

»– und du?« kam jammernd das Echo.

»Der Herr wird einem jeden vergelten nach seiner Gerechtigkeit und seinem Glauben.« Saul hob die Hand ans Ohr: Wie leise sprach Ben Isai? Oder war's, weil er so fern jetzt war, so fern? Was sagte er? »Der Herr hat dich heute in meine Hand gegeben, aber ich wollte mich nicht vergreifen an dem Gesalbten des Herrn!« Ja, höre hin, König Saul, höre genau hin, was der Sohn Isais dir sagt! »Wie ich heute barmherzig war gegen dich, so hoffe ich, daß der Herr einmal barmherzig sei zu meiner Seele!«

Kennst du ihn jetzt, König Saul? Kennst du ihn jetzt, den Sohn Isais? Weißt du nun, was dir selbst zum Königtum fehlt? Barmherzigkeit! hat er gesagt. Ja, Barmherzigkeit, die fehlt dir, Saul! Hat dir immer gefehlt! Und darum bist du nur ein Herrscher, doch nimmermehr ein König!

Was helfen dir jetzt deine Selbstanklagen? Was nützt es, daß du deine Hitzigkeit bereust und klagst: Komm wieder, David! Zu spät, König Saul! Zu spät! Weil du gerecht und nur gerecht sein wolltest, wurdest du ungerecht. Nun liege vor dem Herrn mit deiner Gerechtigkeit! Verloren bist du, ganz verloren! Ach, wenn du doch um die Barmherzigkeit gewußt hättest, von der die Könige leben müssen! Wie, niemand hätte sie dir gezeigt? Nun sei nicht auch noch feige, König Saul! Du hast's gewußt, von Anfang an! Entsinnst du dich noch, als du auszogst, die Eselinnen zu suchen, die deinem Vater Kis entlaufen waren? Und was fandest du? Ein Königreich! Ja, da kamst du auf der Suche nach den Eselinnen ins Land Zuph und begegnetest dem Seher Samuel. Hast du vergessen, was er damals zu dir sprach? »Um die Eselinnen bekümmere dich nicht!« Und er nahm ein Glas mit Öl, goß es auf dein Haupt und sprach: »Der Geist des Herrn soll auf dich kommen, und du sollst ein anderer Mann werden!«

Was sollen deine Tränen, Saul? Gedenkst du der vorigen Zeiten, als du auf den Seher Gottes hörtest und wirklich ein anderer Mensch warst? Vorbei, König Saul! Längst vorbei! Seit Jahren hast du Samuel von deinem Angesicht verbannt, weil es dich störte, wenn vorwurfsvoll sein Blick dich traf! Du bist nicht mehr »ein anderer Mann«, schon lange nicht mehr! Bist wieder ganz der alte Mensch geworden! Als hätte nie das heilige Öl dein Haupt benetzt, als wäre nie der Segen des Herrn über dich gesprochen worden!

Ist's Jahwes Schuld? Oder die des alten Samuel? Deine ist es, deine ganz allein! Weil du nur herrschen wolltest, ohne einen Herrn zu haben über dir! Darum ist der Geist des Herrn von dir gewichen, darum saß Samuel grollend und einsam in Rama, darum hat dich Gott verworfen und sich einen andern erwählt! Belüge dich nicht selber, König Saul! Du weißt es längst: Der da drüben, der Sohn Isais, er ist's, auf den nun die Wahl des Herrn gefallen ist! Warum? Weil er von der Barmherzigkeit Jahwes lebt und nicht, wie du, von der eigenen Gerechtigkeit.

Der König fährt hoch, blickt mit weit aufgerissenen Augen hinüber, wo David eben noch stand. Doch die Stelle dort drüben ist leer. Nur kahles, nacktes Gestein ist da, sonst nichts.

Ein nächtliches Zwischenspiel

»He, Malluch, es hat sich wohl doch gelohnt, daß du dir die zwei Stunden Wegs von Hebron hierher nach Karmel gemacht hast?« Der hochgewachsene Hirte mußte fast schreien, um sich dem andern bei dem Getümmel, das auf dem weiten Hof herrschte, verständlich zu machen.

»In der Tat«, rief der Angeredete zurück, »du hast nicht zu viel versprochen, als du mich zu eurem Fest der Schafschur einludest!« Er wies mit der fetttriefenden Hammelkeule zu dem Nachbarfeuer hinüber. »Sieh nur, Bani, wie deine Gefährten einhauen! Jetzt schneiden sie schon den zweiten Hammel auseinander.« Er strich sich den Mund und langte nach dem Krug, der neben ihm stand. »Ah, und der Wein, den euer Gebieter Nabal spendiert, kann sich auch sehen lassen!«

»Nabal kann sich's ja auch leisten«, gab Bani mit vollen Backen Antwort. »Ist ja der reichste Mann von Karmel.«

Bani nahm den Krug aus Malluchs Hand entgegen: »Und der Wein? Nun, hast du vergessen, daß Vater Noah, nachdem er der Arche entstieg, hier zwischen Hebron und Karmel den ersten Weinstock pflanzte? Kein Wunder, daß darum unsere Trauben fußlang werden und jede einzelne Beere so groß wie ein Taubenei ist. Noch immer liegt der Segen Noahs auf unseren Weinbergen.«

Malluch nahm abermals einen tiefen Zug aus dem Krug. »Dank sei Noah, daß er den Wein pflanzte, der des Menschen Herz erfreut!« Er vergaß, den Krug niederzusetzen, starrte mit großen Augen hinüber zur breiten Tür des Hauses, wo soeben ein unförmiger Dickwanst erschien. »Du, Bani, ist das dein Gebieter Nabal?«

Der Hirte warf nur einen kurzen Blick hinüber, grinste dann: »Richtig geraten! Aber laß dir nichts anmerken, wenn er hier an unser Feuer kommen sollte! Er ist entsetzlich eitel. Sei ja recht untertänig und diensteifrig zu ihm!«

Doch Banis Warnung schien überflüssig; es mochte dem Dicken viel zu beschwerlich fallen, seine Fettmassen über den Hof bis zu den Feuern zu schleppen, an denen seine Knechte das Fest der Schafschur feierten. Er begnügte sich damit, denen, die dem Hause am nächsten saßen, ein paar Worte zuzurufen. Ein glucksendes Lachen nun, in das die Knechte eilfertig einfielen.

»Er hält sich für sehr geistreich!« flüsterte Bani dem Hebroniten zu. »Dabei lacht eigentlich nur er selber über seine albernen Witze. Die andern tun es nur aus Angst.« Tatsächlich war der Lärm, der vorher auf dem Hofe geherrscht hatte, erstorben. Schweigend und mit gebeugten Häuptern sahen die Hirten und Jungen auf den Herrn, von dessen Launen sie abhängig waren.

»Hoffentlich hält er uns nicht noch eine Rede!« raunte Bani. »Das ist das Schlimmste, was uns zustoßen könnte. Er findet nie ein Ende, redet lauter dummes Zeug, bildet sich aber dabei ein, es sei ungeheuer klug. Und am Ende wird er dann immer rührselig, heult schließlich gar noch selber über seine Worte.« Er verzog das Gesicht und langte heimlich nach dem Kruge, wie wenn der ihm Trost spenden könnte. »Da stellt sich Nabal wahrhaftig hin, als wolle er zu uns sprechen! Ach ihr Berge Judas, fallt über mich!« Bani nahm verstohlen einen tüchtigen Schluck. »Es wird einem doch wahrlich nichts geschenkt! Denkt man einmal, ein reicher Herr habe einem einen Hammel und den dazugehörigen Wein gespendet, so kommt bestimmt die Rechnung hinterher! Lieber drei Tage die Mühle drehen als eine Stunde Nabal reden hören!«

»Der Hammel war gut und der Wein noch besser!« schmunzelte Malluch. »Lassen wir also die Rede über uns ergehen!«

»Hoffentlich wird uns nicht schlecht davon!« seufzte Bani.

Es war so still geworden, daß man nur noch das Knistern der Flammen hörte und das Zischen, wenn von den am Spieß sich drehenden Hammeln die Fetttropfen in das Feuer fielen.

»Äh, meine Getreuen!« Der Dicke griff sich mit der Hand an den Hals, als bekäme er nicht genügend Luft.

»Wenn er einen Schlaganfall bekommt, sollte es mich nicht wundern!« flüsterte Malluch. »Ein doppeltes Kinn hat er ja schon. Man sagt, wenn das dritte sich bilde, folge bald der Schlag!«

»Still!« zischte Bani. »Er sieht zu uns her!«

»Ähem!« machte noch einmal Nabal, doch dann schien ihm einzufallen, was er eigentlich sagen wollte. »Leute, ich habe euch zwanzig Hammel schlachten lassen, da ich – ähem! – mit euch und eurer Arbeit ziemlich zufrieden bin. Äh – in früheren Jahren haben immer die Räuber der Wüste sich ihren Tribut aus unseren Herden geholt. Mal fehlten fünfzig Schafe, ein andermal wieder waren gar hundert geraubt worden.« Er stöhnte tief auf, als gelte es das Leben. »Ach, es ist fürwahr nicht leicht, Besitzer großer Herden zu sein! Ich glaube, ich wäre noch an den Bettelstab gekommen, wenn sich die Viehräubereien nicht im letzten Jahr gegeben hätten.« Er fuhr sich mit dem Daumen in den Augenwinkel, um eine Träne des Selbstbedauerns fortzuwischen. »Äh, wie ich schon sagte, in diesem Jahr ist uns kein einziges Schaf geraubt worden. Das ist, wie ich gerne anerkennen will, ein Zeichen eurer Pflichttreue.« Er legte den Zeigefinger an die Nase und blickte unter herabgezogenen Brauen über die schweigend lauschenden Hirten. Im Schein eines dicht neben ihm brennenden Feuers waren die hängenden Tränensäcke unter seinen Augen und die zitternde Wamme des Doppelkinns überdeutlich zu erkennen. Die Augen, die hilflos umherirrten, verrieten, daß Nabal den Faden der Rede jetzt endgültig verloren hatte. »Äh – ja, was ich sagen wollte: Es ist kein einziges Tier gestohlen worden, aber – äh – das muß in Zukunft noch besser werden!«

Er brach ab, da er sah, wie eine Welle der Heiterkeit über die Gesichter der Hirten lief. Doch da sein Verstand nicht ausreichte, den Unsinn der eigenen Worte zu ergründen, schluckte er nur hilflos, um dann zum Zorn, dem letzten Mittel der Törichten, seine Zuflucht zu nehmen: »Ich weiß nicht, was es da zu lachen gibt! Ich habe, ich sage, äh, ich meine –«

Sein umherflatternder Blick erfaßte jäh eine Gruppe junger Leute, die eben im Hoftor erschienen. Er schielte mit kurzsichtigen Augen hinüber, stieß dann hervor: »He, ihr da! Wer seid ihr? Was wollt ihr hier?«

Die Jünglinge schritten schweigend näher, standen nun dicht vor dem Dicken. Ein hochgewachsener, schmucker Bursche trat vor, grüßte ehrfürchtig und sprach laut, so daß alle im Hof es hören konnten: »Asahel bin ich, von Bethlehem Ephrata, ein Neffe Davids Ben Isai!«

»Was willst du? Warum unterbrichst du mich in meiner Ansprache?« grollte Nabal.

»Der Sohn Isais sendet mich! Glück wünscht er dir! Friede sei mit dir und deinem Hause und mit allem, was du hast! David hat gehört, daß du heute das Fest der Schafschur feierst. Nun, deine Hirten sind alle diese Monde unsere Beschützten gewesen. Wir, die wir mit dem Sohne Isais am Rande der Wüste sind, hielten unsere Hand über deine Herden, weil du ein Mann des Stammes Kaleb bist. Frage deine jungen Leute, sie werden dir's bestätigen, daß wir die

Edomiter und die anderen Räuber der Wüste von deinen Herden fernhielten, so daß auch nicht eines deiner Tiere geraubt wurde. Und nun, so spricht David Ben Isai, gedenke des Wortes: Man soll dem Ochsen, der da drischt, nicht das Maul verbinden! Gib deinem Sohn David zum heutigen Fest etwas von dem, was da so überreich in deinen Händen ist. Wir haben gewacht über dem Deinen, so laß uns nun auch zum Lohne teilhaben an deiner Freude!«

Totenstill war es auf dem weiten Hofe, so daß der Hebroniter Malluch die Worte, die Bani ihm leise zuflüsterte, sehr wohl verstehen konnte: »Hat recht der Junge! Wenn David mit seiner Freischar nicht wäre, stünd's schlecht um uns und unsere Herden. Nicht nur die streifenden Philister hat er auf sich gezogen, auch die räuberischen Horden der Wüste hat er von uns ferngehalten! Ich verstehe daher sehr wohl, daß er eine Anerkennung dafür fordert.«

»Weiß Nabal von dem, was David für euch tat?« fragte Malluch ebenso leise.

»Natürlich!« nickte Bani. »Oft genug hat er durch uns gehört, wie David mit seiner Freischar die Räuber mit blutigen Köpfen heimgeschickt hat, wenn sie sich an unsere Brunnen und die Herden heranzumachen versuchten. Allein der Anstand erfordert es, daß Nabal –«

Er sprach nicht zu Ende. Ein grelles Gelächter schrillte über den Hof. Nabal war es, der da, die Hände über den feisten Leib gelegt, stand und lachte: »Wer schickt euch, ihr Hundesöhne? David Ben Isai? Wer ist dieser räudige Schakal? Ein Leibeigener, der seinem Herrn entlaufen ist! Rennt er nicht in der Wüste von Tal zu Tal, sich zu verbergen vor seinem Herrn, der ihn zu greifen sucht? Und diesem Hungerleider, diesem hergelaufenen Schelm soll ich Brot, Wein und Fleisch geben?« Er mochte das Grollen spüren, das durch die Reihen seiner Hirten lief, wandte sich daher nun an sie und schrie: »Euch soll ich's fortnehmen, um es diesen Buben zu geben, die ich nicht kenne, von denen keiner weiß, welchen Herren sie entlaufen sind?«

Seine Augen wieselten hin und her, trafen aber überall auf schweigende, eisige Abwehr. Und da, dicht vor seinem eigenen war ein anderes Gesicht, aus dem zwei Augen ihm entgegenbrannten: Asahel! Hatte der Bursche nicht eben mit der Rechten unter den Mantel getastet? Ah, suchte dieser in die Wüste Entlaufene gar nach seinem Messer? Lähmende Angst schnürte plötzlich Nabals Kehle zu, sein Doppelkinn wabbelte, seine feisten Hände zitterten. Ein dumpfes Röcheln kam aus seiner schweißnaß am Leibrock klebenden Brust, dann wandte er sich taumelnd um und wankte ins Haus.

Asahel, noch immer die Rechte unter dem Mantel, hatte ihm aus zusammengekniffenen Augen nachgeblickt, jetzt winkte er stumm seinen Gefährten zu und schritt erhobenen Hauptes zum Hoftor.

Bani war aufgesprungen, setzte über zwei, drei der Feuer, erreichte die in trotzigem Schweigen abziehende Schar hart am Tor und ergriff Asahels Mantelsaum: »Asahel! Wir alle haben gehört, wie Nabal dich und den Sohn Isais beleidigte. Glaube mir: Wir halten zu euch! Wissen wir doch nur zu gut, daß ihr für Israels Sache streitet! Aber was sollen wir tun?«

Asahel hatte ihn kurz angeblickt, war dann weitergeschritten und nun draußen vom Dunkel der Nacht verschluckt. Mit ausgebreiteten Armen stand noch immer Bani, keuchte: »Was sollen wir tun? Sag's doch: Was konnten wir tun?«

»Du konntest nichts tun!« kam kühl aus der Finsternis Asahels Stimme. »Nabal ist ja dein Herr, jedenfalls heute noch. Aber wahre dich! Morgen wird Nabal, der Tor, ein toter Mann sein! Die Hyänen werden sich vollfressen an seinem fetten Leichnam und dem manches anderen Mannes, der mit für ihn büßen muß!«

Bani konnte es nicht vermeiden, daß er wankte, als er zu dem Feuer, an dem er zuvor gesessen hatte, zurückschritt. Schwer ließ er sich neben dem Hebroniter niederfallen.

Leben kam in die Frau: »Bani, ich kann mich auf dich verlassen?« Statt einer Antwort sah er sie nur mit großen Augen an und nickte. »Gut denn, Bani: Nimm dir so viele zuverlässige Leute, wie du brauchst, hole zweihundert Brote, zwei Krüge Wein, fünf am Spieß gebratene Hammel, fünf Scheffel Mehl und packe das alles auf Esel!« Sie sah, daß er forteilen wollte. »Halt! Tu auch noch hundert Rosinenkuchen und zweihundert Feigenkuchen dazu!« Sie lächelte. »Rauhe Krieger sind ja gerade auf Süßes so versessen.« Sie neigte den Kopf und schien den Worten nachzulauschen. Fast war es, als glitte ein rasches Lächeln über ihr Gesicht, als sie, schon halb abgewandt, noch hinzusetzte: »Laß auch mein Reittier satteln!«

»Herrin, du willst uns begleiten?«

»Warum nicht? Schließlich muß ich doch versuchen, das wiedergutzumachen, was mein Mann verdorben hat.« Fast heftig wandte sie sich ab, unmutig über sich selbst, daß sie ihre Gedanken vor dem Diener offenbart hatte. »Nun geh schon und beeile dich! Sorge aber dafür, daß Nabal nichts von alledem merkt!« –

»Halt! Wer da?« Schneidend kam der Ruf aus der Finsternis, die zwischen den engen Talwänden hing.

»Diener Nabals sind wir, gesandt mit Botschaft zum Sohne Isais!« Bani, der an der Spitze des Lasttierzuges ritt, hatte Antwort gegeben. Geduckt kauerte er nun auf seinem Grautier, bereit zu rascher Flucht. Was, wenn die Freischärler kein Federlesen machten?

»Bani, bist du's?«

Der Gefragte zuckte zusammen, als die Stimme dicht vor ihm erklang, doch dann, da er an ihrem Klang den Unsichtbaren erkannte, atmete er erleichtert auf. »Ja, Asahel, ich bin's!« Und dann, rasch und hastig: »Seid unbesorgt, wir bringen gute Kunde!« Er schwang sich aus dem Sattel, fiel fast über Asahel, der ihn nun packte und lachend wieder auf die Füße stellte.

»Ja, Asahel, wir bringen alles, worum der Sohn Isais bat! Feigenbrot und Rosinenkuchen, schon fertig zubereitetete Hammel und Wein! Alles, alles ist da, gepackt auf Esel!«

Ein Lachen kam aus der Dunkelheit, dann eine helle Stimme: »Ist Nabal, der größte aller Esel, auch dabei?«

Ein Funke zuckte, trockener Zunder glomm, und nun flackerte eine Fackel auf, übergoß die schroffen Felswände mit zitternden Lichtern.

»David Ben Isai!« stammelte Bani. Er sah, wie der Bethlehemiter das Schwert, das er stoßbereit in der Hand gehalten hatte, in die Scheide schob, entsann sich der letzten Frage und gab stockend Auskunft: »Nein, der Herr selber – weiß nicht einmal, daß wir uns auf den Weg gemacht haben.«

»Nun sage nur noch, ihr hättet all die guten Sachen heimlich an euch genommen!«

»Nein, das nicht!« Bani wand sich vor Verlegenheit. »Unsere Herrin hat mir dazu den Auftrag gegeben und gesagt –«

»Eure Herrin?« lachte der Sohn Isais. »Das hört sich gut an! Fast will mir scheinen, der Tor Nabal hat eine Frau, die mehr im Kopf hat als er selber.« Er wandte sich zu dem schweigend hinter ihm stehenden Joab. »Diese Frau wäre am Ende die geeignete Räuberbraut, was?«

Bani war dicht an David herangetreten, flüsterte jetzt hastig: »Lacht bitte nicht! Nein, lacht nicht, denn sie ist – sie ist – hier!«

»Wie?« David reckte sich höher, um über die hochbepackten Esel hinwegschauen zu können. »Sie ist hier, sagst du? – Fürwahr, die Frau muß Mut haben, daß sie es wagt –«

Eine Bewegung machte sich in der langen Reihe der Haltenden bemerkbar, die Treiber drückten sich hart an die Felswand, um eine weißgekleidete Gestalt vorüberzulassen. Und nun fiel der zuckende Schein der Fackel auf ein Frauengesicht, das im Blutrot des Feuerscheins noch schöner als bei Tage erschien. Unwillkürlich war selbst Joab zurückgewichen, starrte auf die Frau, die sich tief vor dem Sohne Isais verneigte.

»Ach, mein Herr! Laß mich die Strafe tragen, die Nabal verdient hat!« Verstummt war das Gelächter, alle lauschten dem Klang dieser Stimme nach, die dunkel und verhangen, zart und doch fest entschlossen die enge Klamm zu füllen schien. »Der Sohn Isais kehre nicht seinen Zorn gegen Nabal, diesen heillosen Mann, denn Nabal ist ein Tor, der nicht weiß, was er sagt und tut. Nimm hin die Gaben, die deine Magd dir bringt! Und rechne es einem Weibe nicht zu, daß es so eigenwillig handelt! Die Liebe zu unserem armen Volke Israel ist es, die mich trieb. Denn ich weiß, daß du des Herrn Kriege führst und ein Herzog bist über Israel!«

Schweigend steht der Sohn Isais, lauscht den Worten nach, dann neigt er sich jäh nach vorn, erfaßt die Handgelenke der Knienden und zieht die Frau empor: »Gelobt sei der Gott Israels, der dich heute mir entgegengesandt hat! Gesegnet sei deine Rede und gesegnet seist du selber, hast du mich doch davor bewahrt, mein Schwert gegen einen Mann meines eigenen Volkes zu erheben und Blutschuld auf meine Seele zu laden! Denn wahrlich: Wärest du nicht gekommen, so hätte nicht einer im Hause Nabals die Morgenröte des nahenden Tages gesehen!«

Noch mehr Fackeln lodern auf, tauchen die Schlucht in tanzende Lichter, schweben auf und ab vor den Männern, die sich nach Süden gewandt haben und den langen Zug der Treiber und Packtiere in einen sich dort weitenden Talkessel geleiten. Froher Zuruf und sorgloses Lachen flattern an den Bergwänden empor, während sie die Lasten von den Eseln laden und nun, Trupp für Trupp, in die Klamm tauchen, durch die der Weg zur Steppe Maon führt.

Nun sind sie fertig, Bani führt seiner Herrin das Reittier zu. David springt herbei, hilft ihr selber in den Sattel. Kein Wort fällt, doch mit einem langen Blick nehmen sie voneinander Abschied. Und in den Augen Davids leuchtet mehr als nur Bewunderung für diese Frau. Still erwidert sie seinen stummen Gruß und liest an seinen Augen ab, was er im Herzen denkt: Gefährtin meiner Taten könntest du sein! Großherzig und entschlossen, tapfer und demütig zugleich! Wie schade, daß du gebunden bist, gebunden an einen – Narren! Wie schade! –

In fremdem Sold

»Nur gut, daß wir morgen gegen Mittag wieder in Ziklag sind!« Eleasar stocherte mit einem dürren Ast in der Glut des Feuers.

Benaja lachte und schlug Eleasar auf die Schulter: »Wird ja auch Zeit, daß du endlich mal wieder deine müden Glieder auf einem weichen Lager ausstreckst, nicht?«

»Tu du nur nicht so, als wenn es dir Spaß machte, hier auf hartem Stein zu hocken!« murrte Eleasar. »Ich habe es wahrhaftig satt, dieses Herumliegen im Gebirge! Soll man da nicht zufrieden sein, wenn man endlich einmal wieder ein festes Dach über dem Kopfe hat?«

»Und eine süße kleine Frau, die –«

»Halt den Mund!« fuhr Eleasar grob auf. »Warum sollen wir es denn schlechter haben als unser Anführer?«

»Streitet euch doch nicht!« mischte sich Abisai ein, der drüben an der anderen Seite des Feuers saß. »Du, Benaja, bist ja nur neidisch, daß du nicht auch schon verheiratet bist.«

»Ich traf eben noch nicht auf die richtige! Dieser Sohn Dodos mit seinem Hebroner Kätzchen ist tatsächlich zu beneiden! Und unser Melech[14] David?« Benaja kratzte sich aufgeregt hinter dem Ohr. »Ein großartiges Weib, diese Abigail! Paßt prachtvoll zu Ahinoam, der Jesreelitin! Wie Schwestern sind sie zueinander, keine Spur von Eifersucht!

[14] *Melech:* König.

Wollen beide nur dem Sohne Isais dienen. – Erinnert ihr euch noch, wie Abigail uns das erste Mal begegnete? Damals in der Schlucht südlich von Karmel? Wer hätte in jener Nacht geahnt, daß sie schon zwei Monde später dem Sohne Isais die Hand reichen würde!«

»Der fette Nabal, dieser Hohlkopf, starb eben zur rechten Zeit!« lachte Asahel. »Es war ja beinahe vorauszusehen, daß er sich bald zu Tode mästen würde. Nun ja, und als er erfuhr, daß er nur durch die Klugheit seiner Frau unseren Schwertern entgangen war, da traf ihn der Schlag!«

»Abigail wird ihm nicht sehr nachgetrauert haben!« grinste Samma, der herangetreten war und die letzten Worte gehört hatte. »Jedenfalls hat sie, als David bei ihr anfragen ließ, nicht lange gezaudert.«

»Übrigens war es wohl nicht nur Abigails Schönheit, die dem Sohne Isais in die Augen stach!« warf Benaja hin.

»Du meinst doch nicht etwa, daß David sie um ihres Besitzes willen gefreit habe?« widersprach Eleasar ärgerlich.

»Nein, daran habe ich nicht gedacht!« gab Benaja zurück. »Ich meine nur, daß der Sohn Isais im Stamme Kaleb noch mehr Boden gewonnen hat, seit er auch Abigail zum Weibe nahm.«

Eleasar pfiff durch die Zähne: »Ah, von der Seite habe ich diese Heirat noch gar nicht betrachtet! Doch du hast recht! Ganz ohne Frage rechnen die von Hebron und Karmel ihn jetzt zu den Ihren, so wie die von Jesreel um Ahinoams willen zu ihm halten.«

»Stimmt! David versteht es, das, wonach das Herz verlangt, mit dem, was der kühle Verstand fordert, klug zu verbinden!«

Benaja starrte in Gedanken versunken ins Feuer, sagte dann leise: »Ein anderer als David hätte es wahrscheinlich überhaupt nicht fertigbekommen, die Lage, in der wir uns nun seit Monden schon befinden, zu meistern.« Er schüttelte den Kopf. »Wenn man sich alles überlegt, muß man zugeben, daß es ein gewagtes Spiel ist, das wir mit den Philistern treiben! Schließt da der Sohn Isais mit diesen Ungläubigen ein Bündnis –«

»Kein Bündnis!« widersprach Eleasar. »Nur einen Waffenstillstand! Was blieb uns auch sonst übrig? Saul vor uns, die Philister im Rücken! Wie sollte das auf die Dauer gut gehen? Wenn mir selber auch bei der Sache nicht ganz wohl ist, muß ich doch zugeben, daß David den in dieser Lage allein möglichen Weg ging.«

»Ich sage ja auch gar nichts dagegen!« verwahrte sich Benaja. »Und doch hast du unrecht, wenn du unser Abkommen mit Akhisch, dem König von Gath, nur einen Waffenstillstand nennst! Hat er uns etwa umsonst seine Stadt Ziklag als Standort eingeräumt? Ah, du schüttelst den Kopf! Weißt ja nur zu gut, was er als Gegenleistung von uns erwartet: Kampf gegen Israel!«

»Und doch ist dieser Philisterkönig der Hereingefallene. Da melden wir treu und bieder: Streifzug unternommen ins Mittagsland Juda, Dörfer Kalebs geplündert, Herden der Jerachmeeliter fortgetrieben! Und wie sieht es in Wirklichkeit aus? Amalekiter, Geschuriter, Girsiter und wie die andern Feinde Israels hier im Süden alle heißen, haben wir heimgesucht, Schafe, Rinder, Esel, Kamele und Kleider dieser Hunde genommen, und keine Seele am Leben gelassen, damit sie uns nicht bei den Philistern verklagen können!« Er lachte hellauf. »Verblendet hat Jahwe die Ungläubigen, daß sie uns für ihre Verbündeten halten, während wir in Wirklichkeit die Feinde Israels mit der Schärfe unserer Schwerter schlagen. Und dafür werden wir von den ahnungslosen Philistern gelobt und mit Quartier und Freistatt belohnt!«

»Beinahe wäre es jetzt aber doch fehlgegangen!« gab Samma zu bedenken. »Es war mehr als peinlich, daß dieser Akhisch uns zumutete, an dem Zug der Philister gegen Saul teilzunehmen. Wüßte nicht, wie David sich da hätte aus der Schlinge ziehen können, wenn nicht die anderen Könige der Ungläubigen gegen Akhisch gesprochen und uns als zu unsichere Bundesgenossen heimgeschickt hätten!«

»War allerdings eine unangenehme Lage!« gab Eleasar zu. »Doch es ist noch einmal gut gegangen. Während die Streitmacht der Philister sich jetzt in Aphek versammelt, um gegen Saul in die Entscheidungsschlacht zu ziehen, haben wir hier im Süden freie Hand.« Er reckte sich. »Morgen sind wir in Ziklag. Könnte mir denken, daß David sich schon wieder einen Plan ausgedacht hat, wie er die Abwesenheit der Philister nutzt!«

Ein Ruf kam durch die Nacht. Überrascht hoben die Krieger die Köpfe, lauschten nach Süden. »War das nicht einer unserer Posten?« Sie sprangen auf und scharten sich um David und Joab. Stimmengewirr kam jetzt durch die Nacht, dann tauchten aus der Schwärze die hellen Mäntel mehrerer Männer auf.

»Elhanan!« David hatte den jungen Krieger zuerst erkannt. »Was gibt es denn, daß du mitten in der Nacht von Ziklag –« David unterbrach sich, da er nun hinter Elhanan den Priester Abjathar erkannte, hinter dem einige Männer schritten, die ein Packtier am Zügel führten. »Auch du hier, Abjathar?«

»Auch ich, Sohn Isais! Ernste Kunde bringen wir!« Der Priester war mit Elhanan ans Feuer getreten, so daß man jetzt deutlich auf ihren Gesichtern Schmerz und Bitterkeit lesen konnte.

»Nehmt Platz!« winkte David; und dann, als sie saßen: »Berichtet!«

»Du hattest Elhanan gesandt, daß er mich nach Ziklag führe.« Abjathar sprach langsam und leise, fast wie im Traum. »Wir erreichten die Stadt heute kurz vor Einbruch der Nacht.« Er machte eine Pause, stieß dann hervor: »Es ist keine Stadt mehr! Ein rauchender Trümmerhaufen nur ist Ziklag!«

Ein Aufschrei ringsumher! Näher drängten die Krieger, zu hören, was der Priester berichte.

»Die Amalekiter sind, während ihr bei den Philistern in

Aphek wart, hier eingefallen, haben Ziklag genommen und geplündert!«

»Was ist mit den Unsern? Den Weibern und Kindern? Wie steht's um die Einwohner?« Die Fragen überstürzten sich. Mit einer Handbewegung gebot Abjathar Ruhe. »Sie leben! Die Amalekiter haben niemand erschlagen; Sklaven sind ihnen wichtiger. Alle, die sie greifen konnten, haben sie als Gefangene mitgeführt!« Er sah Eleasar an: »Dein Weib!« Dann zu David: »Auch Abigail und Ahinoam fielen in ihre Hände.«

»Du weißt mit Sicherheit, daß sie leben?« fuhr David auf.

»Die wenigen Ziklager, die entrannen und nun weinend auf den Trümmern der Stadt sitzen, erzählten es so. Die Amalekiter hatten durch Kundschafter erfahren, daß du mit deinen Mannen gen Mitternacht aufgebrochen seist, um mit den Philistern zu Aphek zu verhandeln. Kurzentschlossen haben sie die Gelegenheit wahrgenommen, sich an dir zu rächen. Seit Monden haben sie hier im Mittagsland keine Raubzüge mehr unternehmen können, weil du die Grenzen schütztest. Jetzt haben sie auf einen Schlag gewonnen, was ihnen im letzten Jahr entgangen ist.«

Alle starrten, als der Priester geendet, auf David, der, den Kopf auf die Knie geneigt, vor dem Feuer hockte. Jetzt hob der Sohn Isais langsam das Haupt und sah den Priester an:

»Wie viele Amalekiter waren es?«

Abjathar zuckte die Schultern: »Ich habe es nicht ermitteln können, da die von Ziklag noch zu verstört waren. Doch wenn das, was sie hervorbrachten, wahr ist, müssen es mehrere Tausend gewesen sein.«

Davids Rechte schnellte hoch. »Eleasar, ein Lamm zum Opfer!« Dann, als der Sohn Dodos davongesprungen war, wandte sich der Anführer an den Priester: »Abjathar, bereite alles vor, daß du das Orakel befragen kannst! Frage den Herrn, ob wir mit unserer an Zahl so unterlegenen Schar es wagen sollen, den Amalekitern nachzujagen.«

Wortlos erhob sich der Priester und schritt zwischen den

zurückweichenden Männern auf das Packtier zu. In ehrfürchtigem Schweigen standen sie nun in weitem Kreis um das Feuer, während Abjathar das Lamm opferte und dann mit dem Ephod, in dessen Falten die heiligen Lose verborgen waren, zurücktrat. Schwach nur drang der Schein des Feuers zu dem Felsblock, auf den der Priester den Ephod gelegt hatte. Undeutlich und verschwommen waren die langsamen und gemessenen Bewegungen erkennbar, mit denen Abjathar sich vor dem Heiligtum verneigte und nun im Gebet verharrte. Sie ahnten mehr, als daß sie es sahen, wie er das Blut des Opferlamms vergoß, sich jetzt vorneigte, den Saum des heiligen Mantels zu küssen. Jetzt, jetzt mußte er die Lose in der Hand halten, durch die Jahwe zu seinem Priester sprach!

Hochaufgereckt wandte Abjathar sich jetzt um und trat mit ernstem Gesicht wieder ans Feuer. »So spricht der Herr«, flüsterte sein Mund, »so spricht der Herr: Jage ihnen nach! Du wirst sie ergreifen und Rettung tun!«

Einen Augenblick blieb es still, doch dann brach ein Jubel los, daß es weithin durch die Nacht scholl: »Auf, Männer! Der Herr hat gesprochen! Auf! Jagt den Hunden nach, schlagt sie mit Schwert und Spieß! Entreißt ihnen den Raub und die Beute!« –

Glühend heiß brannte die Sonne vom wolkenlos stehenden Himmel auf die Sanddünen hernieder, die sich Welle hinter Welle ins Endlose zu verlieren schienen. Ein böiger Wind kam stoßweise daher, trieb den feinen Sand über die sanftgeneigten Hänge, ließ ihn mit leisem Singen über die ebenen Flächen tanzen, um die Körnchen endlich irgendwo hinter einem Stein oder weißgebleichten Tiergerippe fallen zu lassen. Er brachte keine Erfrischung, dörrte nur Zunge und Gaumen der Männer, die weit vornübergeneigt, den Mantelzipfel vor dem Mund, sich nach Süden kämpften.

Der schnellfüßige Asahel, der an der Spitze schritt und kein Auge von der Fährte ließ, der sie nun schon seit Tagen folgten, hob die Hand über die Augen: »Täusche ich mich, oder liegt da querab von der Spur ein Mensch?«

Elhanan war mit ein paar raschen Schritten neben ihm, spähte nun auch über die flimmernde Fläche, über der weiße Sandfahnen in spitzgetürmten Windhosen wirbelten. »Du hast recht, dort scheint ein Toter zu liegen. Wollen hin, sehen, ob es einer dieser verruchten Amalekiter ist!«

Wortlos stapften sie vor den andern her durch den Sand, in dem die Sandalen bei jedem Schritt tief versanken. Kopfschüttelnd blieb Elhanan vor dem schon halb vom ziehenden Sand verschütteten Körper stehen. »Das ist kein Amalekiter! Sieh nur die Haartracht und die Narben auf den Wangen!«

»Er muß aber bei ihrer Truppe gewesen sein! Er gehört ohne Zweifel zu den Männern, denen wir folgen.« Er hob einen Stein auf und schleuderte ihn nach den Geiern, die seitab saßen und sich nun mit müden Flügelschlägen erhoben. »Übrigens muß noch Leben in dem Burschen sein. Die Geier hätten sich sonst längst über ihn hergemacht. Komm, hilf mir ihn aufrichten!«

Zwei andere Krieger sprangen herzu und packten mit an.

Ein Stöhnen kam aus der Brust des jungen Menschen, als sie neben ihm niederknieten. Und nun schlug er die Augen auf, stierte verständnislos auf die Männer und flüsterte mit zitternden Lippen: »Wer seid ihr?«

Asahel warf Elhanan einen raschen Blick zu: »Er spricht die Mundart der Amalekiter!«

Doch Elhanan gab jetzt keine Antwort, hatte genug zu tun, dem gierig Schlürfenden die Labeflasche an die Lippen zu halten. Erschöpft sank der Kopf des dunkelhäutigen Burschen nun zurück.

»Er stirbt doch nicht etwa?« flüsterte einer der Männer.

Elhanan zuckte die Schultern: »Schon möglich! Wer weiß, wie lange er hier in der Glut gelegen hat?« Er neigte sich nieder und legte das Ohr an des Liegenden Brust. »Sein Herz schlägt aber stark und regelmäßig.« Sein Blick wanderte zu Asahel: »Die Amalekiter dürfen uns nicht entkommen! Nimm diese Männer und halte weiter die Fährte, ehe der Wind, der aufgekommen ist, sie uns gänzlich verwischt. Ich bleibe hier bei diesem Jüngling, bis David mit dem Haupttrupp heran ist. Dann stoße ich wieder zu euch.« Er wurde ungeduldig. »Nun los! Macht schon, daß ihr weiterkommt! Wenn auch die Fährte dieser Wüstenhyänen infolge der geraubten Herden breit und tief ausgetreten ist, so wird sie doch von Stunde zu Stunde schwerer erkennbar.«

»Du hast recht!« Asahel richtete sich empor, gab den Kriegern einen Wink und sagte, bereits im Fortgehen: »Du wirst nicht lange zu warten brauchen. Dort im Norden sind schon die ersten Krieger unseres Haupttrupps zu sehen.«

Elhanan blickte Asahel und seiner kleinen Schar nach, wie sie jetzt, die Augen fest auf den Boden geheftet, in gleichmäßigem Trott auf der Fährte weiter nach Süden trabten. Dann, da sie zu winzigen Punkten geschrumpft in einem Dünental verschwanden, ging sein Blick hinauf nach Norden, wo eine lang auseinandergezogene Reihe von Kriegern sich näherte.

»Ah, der Sohn Isais ist wie immer mit Joab an der Spitze! Das ist gut, dann kann ich gleich Asahel nachsetzen.«

Als die Männer nahe genug heran waren, winkte Elhanan ihnen zu und rief: »Eilt immer weiter nach Süden! Wir dürfen uns nicht aufhalten, wenn wir die Hunde in ihrem nächsten Nachtlager überfallen wollen. Doch bitte ich dich, David, schnell einmal herüberzukommen.«

Er sah, wie die andern zwar neugierig herblickten, aber doch seiner Weisung folgend weitermarschierten, während David und Joab mit zwei Kriegern zu ihm abbogen. Eben als sie zu Elhanan traten, schlug der fremde Jüngling wieder die Augen auf. Joabs Hand fuhr in die Tasche und förderte ein Feigenbrot zutage. Gierig griff der Dunkelhäutige zu.

David und Joab hockten sich an seiner Seite nieder und sahen zu, wie er es sich schmecken ließ. Erst als er seinen ärgsten Hunger gestillt, fragte ihn der Sohn Isais: »Nun sag, wer du bist und wie du in diese Lage kamst!«

Ängstlich blickten des Jünglings Augen, als er fragte: »Werdet ihr mich auch nicht meinem Herrn wieder ausliefern?«

»Wenn er ein Amalekiter ist, gewiß nicht!« lächelte David. Er sah, wie der Bursche erleichtert aufatmete, um nun endlich Auskunft zu geben: »Ein Musri bin ich, diene schon seit meiner Kindheit als Sklave dem Melech der Amalekiter. Darum mußte ich auch, als sie einen Zug gegen die von Kaleb unternahmen, wohl oder übel meinem Herrn folgen.« Er biß ein neues Stück Feigenbrot ab, erzählte dann weiter: »Vor vier Tagen überfielen wir Ziklag und plünderten es aus. Auf dem Rückzug wurde das Wasser knapp, da die Schläuche nicht für so viele Menschen reichten. Erschöpft brach ich zusammen. Als ich wieder zu mir kam, war ich allein. Mein Herr mochte mich für tot gehalten haben. Erst war ich froh, daß ich nun frei war, aber dann überfiel mich die Angst vor dem Dursttod. Ich versuchte mich fortzuschleppen, aber schon nach wenigen Schritten wurde es mir wieder schwarz vor den Augen. Einmal wurde ich noch wach, als dicht neben mir eine Hyäne heulte. Es war Nacht, und ich fror jämmerlich. Dann weiß ich nichts mehr. Wenn dieser Krieger«, er wies auf Elahanan, »mir nicht Wasser gereicht hätte, wäre ich nun wohl tot.« Angst verschleierte plötzlich seinen Blick. »Herr, du wirst mich wirklich nicht den Amalekitern ausliefern?«

»Sei unbesorgt!« gab der Sohn Isais Antwort. »Ich lasse diese zwei jungen Krieger hier bei dir. Wenn du dich erholt hast, werden sie dich zurück zum Bache Besor führen, wo zweihundert meiner Krieger, die den Gewaltmarsch nicht mehr durchhalten konnten, lagern. Doch jetzt schildere mir noch genau, wie der Weg beschaffen ist, auf dem die Amalekiter zu ihrem Zeltlager weitergezogen sind.«

»Herr, du willst die Amalekiter mit dem Schwerte schlagen?«

»So wahr ich David Ben Isai bin!« nickte finster der Gefragte.

Mit großen Augen starrte der Musri ihn an, würgte dann hervor: »David Ben Isai bist du? Herr, dann weiß ich, daß du alles diesen Amalekitern vergelten wirst, was sie an mir seit den Tagen meiner Kindheit gesündigt haben!« Neue Kraft schien ihn zu durchströmen. Mit einem Ruck richtet er sich hoch, um nun, die Rechte zum Himmel gereckt, hervorzustoßen: »Auge um Auge, Zahn um Zahn, Strieme um Strieme!« Er sprang auf, taumelte, mußte sich an Elhanan halten. »Laß mich dein Knecht sein, David Ben Isai! Ich will dich führen zu den Zelten dieser Hunde, daß du über sie kommen kannst wie der Sturmwind der Wüste!«

»Du bist noch zu schwach!« mahnte Joab.

»Ich werde stark sein wie ein Löwe, der auf Raub ausgeht! Die Rache wird mir Kraft geben.« Er winkte den beiden jungen Kriegern. »Kommt, stützt mich! Ich fühle, wie nun, da ich getrunken und gegessen habe, mein Blut wieder frischer durch die Adern strömt. Und ich denke, ehe die Sonne sinkt, werde ich wieder ganz bei Kräften sein!« –

»Vorsichtig sind diese Hunde gerade nicht!« David stieß Joab an, der neben ihm hinter der flachen Sandwelle lag, und wies in den Talgrund hinab, wo Feuer an Feuer hell loderte. »Der Musri hat uns wirklich trefflich geführt. Ich finde hier alles so, wie er es beschrieben hat. Selbst der Plan, den er für den Überfall vorgeschlagen hat, braucht nicht geändert zu werden. Siehst du dort hinten die Trockenschlucht? In ihr wirst du mit deiner Hundertschaft dich auf die Lauer legen. Abisai schleicht sich im Osten durch jene Felstrümmer heran, während Benaja mit seinen Hundert sich da drüben in der Rinne unbemerkt nähern kann. Mit der letzten Hundertschaft breche ich hinter dieser Düne hervor. Los dann! Sorge dafür, daß alles geräuschlos vor sich geht! Ich bleibe hier, um weiter zu beobachten. Elhanan mag meine Hundertschaft herführen. Er soll auch den Musri mitbringen, da ich diesen Burschen, der die Gegend genau kennt, gern in meiner Nähe haben möchte. Und vergiß nicht: Mit dem ersten Sonnenstrahl, der dort hinten den Berg bestreicht, brechen wir los!«

Als Joab geräuschlos im Dunkel verschwunden war, wälzte sich der Sohn Isais auf die Seite und stützte sinnend den Kopf in die Hand. Was würde der Morgen bringen: Sieg oder Tod? Ein Wunder mußte geschehen, wenn sie siegen sollten! Hatte er nicht eben noch mit eigenen Augen gesehen, daß die Amalekiter ihm an Zahl wohl zehnfach überlegen waren? Aber da war die Überraschung des Überfalls, die den Freischärlern helfen mußte. Lautlos sollte alles geschehen, ohne Zuruf und Schlachtgeschrei. Wie die Heuschrecken über das Land fallen, stumm und unerbittlich, so mußten die vom Hause Israel über die Räuber der Wüste kommen! Joab würde es den Männern schon einschärfen, geräuschlos die Posten niederzumachen und auch dann, wenn der Kampf schon zwischen den Zelten wogte, keinen Schrei laut werden zu lassen. Nur das Schwert hatte das Wort, wenn die Sonne über der Wüste aufging, nur das Schwert!

Gerade diese ungewohnte Stille des Kampfes sollte die Amalekiter im Ungewissen lassen, wie groß die Zahl der Angreifer sei.

Aber, meldete sich ein Bedenken, werden sie sich täuschen lassen? Müssen sie nicht bald erkennen, wie unterlegen wir sind? Und was dann, wenn sie sich an die Gefangenen machen, die Frauen und Kinder niedermetzeln?

»Abigail!« David hätte schreien mögen, aber er hatte den Namen nur geflüstert. Selbst in der bittersten Herzensnot blieb er der Krieger, der alles, auch die Liebe, dem Gesetz der ehernen Notwendigkeit unterordnet. »Abigail!« flüsterte er mit zitterndem Munde noch einmal. »Wehe, wenn diese Hunde dich –« Er brach ab, warf sich herum, starrte nun zu den fern über ihm flimmernden Sternen empor. »Herr der Heerscharen! Jahwe Zebaoth! Da führst du das nächtli-

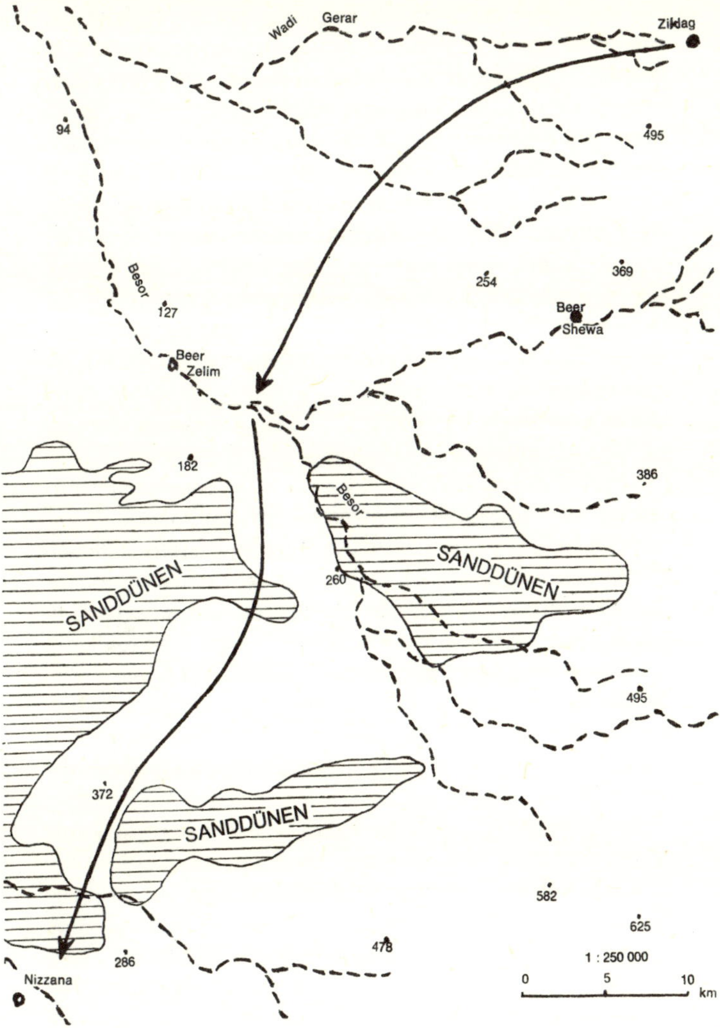
Wadi Gerar
Zikdag
94
495
Besor
127
254
369
Beer Shewa
Beer Zelim
182
386
Besor
SANDDÜNEN
260
SANDDÜNEN
495
372
SANDDÜNEN
582
625
478
286
Nizzana
1 : 250 000
0
5
10
km

che Heer über die Feste des Himmels, sendest frühen und späten Regen zu seiner Zeit; führe auch deinen Knecht an deiner Hand, errette ihn aus dem Rachen seiner Feinde!«

Still wurde seine Seele und stark. Hatte der Herr nicht schon ein Zeichen seiner Hilfe gegeben, als er ihnen jenen musritischen Jüngling zuführte, der hier Schritt und Tritt kannte? War es nicht der Herr, der jenen Amalekitern dort im Wadi den Sinn verwirrte, daß sie feierten und lärmten, Beute verteilten und prahlten, ohne daran zu denken, daß die Strafe hinter den Sanddünen schon lauern könne?

Kein Zweifel, Jahwe gab sie in die Hand seiner Auserwählten, ließ sie sorglos einen großen Sieg feiern, um sie desto tiefer zu stürzen!

Ein Schatten wuchs hinter David aus der Nacht. »Bist du es, Sohn Dodos?«

»Ich bin's!« gab Elhanan Antwort. »Und hinter mir kommen die Hundert, die du hierher befohlen hast.«

Man konnte es dem schlangenhaften Heranschleichen der Männer ansehen, daß sie diese Form des Krieges in langen und bitteren Jahren des Kampfes geübt hatten. Kein Laut, keine überflüssige Bewegung. Es genügte, daß hin und wieder Elhanan mit einem knappen Wink sie dahin lenkte, wo sie die günstigste Ausgangsstellung für den Angriff einnehmen konnten. Sie wußten ohnehin, was nötig war, spürten mit ihren geübten Sinnen, wo das Gelände ihnen Vorteile bot.

»Ihr brauchtet heute gar nicht so vorsichtig zu sein!« lachte David. Er wies mit der Hand die sanft abfallende Lehne des Wadis hinunter. »Seht ihr sie tanzen und tollen? Bis hierher schallt ihr Singen und Lachen.« Er warf einen kurzen Blick zu den Sternen hinauf. »Es ist schon um die Mitte der letzten Nachtwache, und noch immer haben sie des Feierns, Trinkens und Prahlens nicht genug. Laß von Mann zu Mann weitergeben«, wandte sich David an Elhanan, »daß wir noch im Schutze der Dunkelheit bis auf Bogenschußweite vorschleichen. Sobald ich dreimal kurz hintereinander wie ein Schakal heule, schießt jeder seinen Köcher leer. Auf mein Zeichen stürmen wir dann vor. Alle achten genau auf mich. Es scheint, als befänden sich die Gefangenen dort rechts, wo neben den kleinen Feuern vorhin einige Wachen standen, die sich aber inzwischen längst im allgemeinen Trubel verloren haben. Wir müssen versuchen, einen tiefen Keil zwischen die Amalekiter und die Gefangenen zu treiben.«

»Ich verstehe, Ben Isai. doch ist es besser, ich schreite selber die Reihe unserer Leute ab, um allen deine Weisung zu übermitteln.«

»Recht so! Zu leicht könnte sich beim Weitersagen von Mann zu Mann ein Irrtum einschleichen.«

Als Elhanan in der Finsternis verschwunden war, lag David, den Kopf auf den Arm gestützt, und schaute nach Osten, wo hoch und spitz wie ein riesenhaftes Zelt das Tierkreislicht am Firmament schimmerte.

Ist dies die Hütte Gottes bei den Menschen? sann Ben Isai. Was ist denn sonst dieses Licht, das schon lange, bevor das Tagesgestirn selber der Nacht ein Ende bereitet, das Kommen der Sonne ankündigt? Und da, der Morgenstern, der fast in der Mitte der silbrigen Pyramide des Tierkreislichtes tröstend blinkt! Der Stern Ascheras sei es, behaupten die Gojim. Ascheras, der Göttin der Liebe! Aber was für eine Liebe ist es, die die Heiden da vergöttern? Eine Liebe des Rausches, der Unzucht und der Raserei! Ha, nicht umsonst raunen sie, daß Aschera die Männer fresse! Ja, sie frißt die Männer und vergiftet die Weiber! Tierische Begier ist Aschera, viehisches Verlangen! Stätten wildester Zügellosigkeit sind ihre Tempel.

Mit einem Ruck wirft David sich auf die andere Seite, starrt hinab in das Wadi, wo noch immer die Amalekiter zechen und tanzen. Irgendwo dort rechts, bei den Zelten da, muß Abigail sein. Ob sie an ihn denkt? Ebenso brennend schmerzhaft? Ben Isai richtet sich auf, sieht wieder empor zum Morgenstern, dessen Glanz jetzt zu verbleichen beginnt. Mit sieghafter Sicherheit fühlt David, daß Abigail dort unten im Tal im gleichen Augenblick zu dem Gestirn, das den kommenden Tag heraufführt, emporblickt! Dort, dort treffen wir uns! Da begegnen sich unsere Seelen! Da oben werden wir eins! So eins, wie wir es hier nie werden können!

Nicht Aschera! Nein: Jahwe! Du bist der Morgenstern des kommenden Tages! Du bist die Liebe, die selbst in die Nacht hinein spricht: Es werde Licht! Wie wird's erst sein, wenn der volle Tag hereinbricht, wenn deine Herrlichkeit selber über uns leuchtet!

Verglommen ist der Schimmer des Tierkreislichtes; hell wird es im Osten, und jetzt bricht ein goldener Schein hinter dem Rand der Wüste hervor, wischt weg den Stern der Verheißung, bringt die Erfüllung, den lichten Tag!

Ben Isai ist im fahlen Schein des unheimlich schnell heraufsteigenden Tages vorgekrochen, liegt jetzt vorn, in einer Reihe mit den Männern, die mit wachen Sinnen warten. Ein feuriger Glanz schießt über die Höhen im Osten, der erste Sonnenstrahl! Da richtet David sich empor, legt den Pfeil auf die Sehne und spannt den geschmeidigen Bogen.

Der Geist des Toten

»Nun, Sohn Dodos, hatte ich nicht neulich recht, als ich hervorhob, wie geschickt es David darauf anlegt, die vom Stamme Kaleb für sich zu gewinnen?«

»Natürlich!« Eleasar lachte und reichte Samma die Schale mit den gerösteten Körnern hinüber. »Ein kluger Zug war es schon, daß David auch die zweihundert, die fußkrank am Bache Besor hatten zurückbleiben müssen, an der unermeßlichen Beute teilhaben ließ. Daß er jetzt aber auch die Keniter, Jerachmeeliter, die zu Hebron, Aroer und Horma und die in den anderen Städten Judas überreich mit Gaben aus den Beuteherden bedachte, das ist geradezu ein Musterbeispiel kluger Staatskunst.«

»Und vergiß auch nicht, wie sich die Gesichter dieser Ziklager hier seit unserer Rückkehr verwandelt haben! Als wir nach unserer Heimkehr von Aphek hier auf den rauchenden Trümmern standen, wollten die Leute uns am liebsten steinigen. Und nun, da wir fast ohne eigene Verluste die Amalekiter vernichtend geschlagen, die Weggetriebenen befreit und darüber hinaus unübersehbare Scharen von Rindern und Schafen erbeutet haben, strahlen alle Gesichter in Ziklag.« Er lachte und hob die Hand. »Was macht es nun schon aus, daß wir kein Dach mehr über dem Kopf haben, daß fast alle Häuser in Asche liegen? Die Ziklager haben begriffen, daß die Menschen, die ihnen lieb sind, mehr gelten als Haus und Dach. Und was sie an Schaden erlitten haben, das ist wettgemacht durch die Geschenke, die ihnen aus der Beute zugeflossen sind.«

Ein Geräusch ließ sich dort, wo ein verkohlter Balken schräg über die rauchgeschwärzte Mauerlücke hing, vernehmen. »Die Tür zu eurem Palast hättet ihr aber wirklich schon freimachen können! Schließlich ist doch heute der dritte Tag, daß wir wieder in Ziklag sind!«

»David Ben Isai!« Eleasar war aufgesprungen und half dem Anführer über Schutt und Balkentrümmer hinweg. »Wir hatten noch keine Zeit, an die Arbeit zu gehen«, suchte er sich zu entschuldigen. Er wischte mit dem Mantelsaum auf einem verkohlten Brett herum, das ihnen als Sitz diente.

»Laß schon!« lachte David und ließ sich nieder. »Ich begreife nur nicht, daß deine junge Frau dich noch nicht zum Aufräumen angestellt hat.«

»Oh«, grinste Eleasar, »versucht hat sie es schon, aber ich mußte doch erst den Schlaf nachholen, den wir auf jenem Gewaltmarsch ins Mittagsland versäumt hatten. Doch morgen geht's ans Werk! Erst kommt der ganze Schutt hinaus, dann ist die Hauptarbeit schon getan. Die Mauern haben das Feuer gut überstanden. Und ein Dach ist schnell wieder darübergesetzt.«

»Wo steckt denn eigentlich dein Weib?«

»Sie hilft heute ihrer Schwester, deren Haus nur zur Hälfte abgebrannt ist. Wenn sie dort fertig sind, werden –« Eleasar sprang überrascht auf, so daß auch David herumfuhr, um zu sehen, was den Sohn Dodos errege. Ah, Joab war es, der sich dort soeben mit einer Flanke leichtfüßig über den verkohlten Balken schwang. Doch der Mann hinter ihm, der eben schwerfällig über das Hindernis turnte? Wer war das: schmutzüberkrustet und verdreckt, das Gesicht von hellen Streifen durchfurcht, die der von der Stirn rinnende Schweiß im Staub gezogen hatte? Nun war der Fremde heran, stand leicht taumelnd neben Joab, der gerade den Mund öffnete: »Ben Isai, ein Mann aus dem Gefolge Sauls traf eben auf todmüdem Reittier hier ein. Er sagte, er müsse dich unbedingt sprechen.«

Eleasar war zur Seite gesprungen, hatte einen aus der Mauerkrone gefallenen Stein herbeigerückt, den Fremden zum Sitzen genötigt und eilte nun, ihm einen Trunk kühlen Wassers zu holen. Der Mann fuhr sich mit der schmutzigen Hand über die Stirn, griff dann nach dem Becher, den Eleasar ihm reichte, stürzte ihn auf einen Schluck hinunter.

»Ah, das tat gut!«

Der Fremde beugte vor David die Knie: »Verzeih, David Ben Isai, daß ich, müde und vom langen Ritt erschöpft, erst jetzt dir meinen Gruß entbiete. Friede sei mit dir und den Deinen.«

»Friede sei auch mit dir!« David winkte mit der Hand. »Nimm wieder Platz und berichte, was dich zu mir führt.«

»Ich bin ein Diener Sauls«, begann der Fremdling, nachdem er Davids Weisung gefolgt war. »Amon heiße ich und bin aus dem Stamm Manasse.« Sein Kopf fiel nach vorn, so daß Samma sich besorgt herüberbeugte. Doch schon hatte der Erschöpfte sich wieder in der Hand. »Laß nur!« winkte er müde. »Es ist die Überanstrengung. Tag und Nacht war ich im Sattel, habe mein Tier fast zu Tode geritten.« Er schüttelte sich. »Denn hinter mir saß das Grauen!« Sein Blick irrte suchend umher, erhaschte nun Davids Augen, blieb an ihnen hängen. »Verzeih, Herr, daß ich so durcheinander rede! Aber ich muß mich erst sammeln. Es war zu viel! Zu viel!«

Still war es, nur die tiefen Atemzüge Amons waren zu hören und das leise Summen einer Fliege, die zwischen den Trümmern in der Mittagshitze träge dahinsurrte. Endlich richtete der Diener Sauls sich wieder hoch, fester war jetzt sein Blick, doch noch immer verriet seine Stimme ein Schwanken: »Herr, meinst du, daß man die Geister der Toten beschwören kann?«

Überrascht hob David den Kopf, schoß schnell einen fragenden Blick zu Eleasar hinüber.

Amon hatte es bemerkt, schüttelte leise den Kopf und verwahrte sich: »Nein, Herr, ich bin nicht in meinem Sinn verwirrt, habe meine Gedanken wohl beieinander. Doch laß mich der Reihe nach erzählen!« Er setzte sich auf dem scharfkantigen Brett, das keinen sehr bequemen Sitz bot, zurecht und begann: »Du weißt, daß die Philister sich zu Aphek sammelten, um gegen Saul zu Felde zu ziehen?« Ein kurzes Kopfnicken Davids gab Antwort. »Nun gut, Herr! Ich vermutete also recht, als ich annahm, daß deine Kundschafter dir über die Pläne der Ungläubigen Nachricht zukommen ließen.«

»Wir wissen genau, was sich über Israel zusammenzieht. Berichte nur weiter!«

»Von Aphek, wo sie ihr Heer sammelten, zogen die Pelischtim gen Sunem, während Saul seine Mannschaft zu Gilboa um sich scharte.«

»Nicht ungeschickt!« lobte Joab. »Wenn Saul sich in den Bergen hält, sollte es den Ungläubigen schwer werden, ihn zu schlagen. Hoffentlich läßt er sich nicht verleiten, mit seinem Heer in die Ebene Jesreel hinabzusteigen. Dort im offenen Gelände sind die Philister ihm über!«

»Ich fürchte«, nahm Amon wieder das Wort. »Saul wird es an dieser Klugheit mangeln lassen! Einige Anordnungen, die er schon vor Tagen traf, scheinen darauf hinzudeuten, daß er die Entscheidung im Gefilde Harmageddon suchen will.«

»Bloß nicht!« David runzelte die Stirn. »Er mag sich in den Schluchten des Gebirges Gilboa halten, wenn ihm Israel lieb ist!«

»Er scheint selber Unheil zu ahnen!« nickte trübe Amon. »Seit Tagen liegt über ihm eine Unrast, die Übles verheißt. Immer wieder bestürmte er die wenigen Priester, die sich noch bei ihm befinden, den Herrn zu befragen. Aber«, Amon zuckte hilflos die Schultern, »der Herr antwortete ihm nicht. Kein Traum von Jahwe gab Saul Zuspruch, keiner der Nebiim[15] vermochte ihm Trost zu sagen. Schließlich nahm der König zum Feuerorakel Zuflucht, aber der Herr, der einst Mose und Josua durch das Licht Weisung gab, schwieg, als Saul ihn befragte!«

»Das wundert mich nicht«, fiel Joab ein. »Seitdem Saul den Seher Samuel von sich stieß, hat er die Hilfe des Herrn verwirkt.«

»Wenn Samuel noch lebte, glaube mir: Jetzt wäre Saul zu ihm gegangen, seinen Rat einzuholen!« Amon hatte sich vorgebeugt, starrte Joab aus brennenden Augen an.

»Hätte! Hätte!« lachte der Serujasohn bitter auf. »Zu spät ist's jetzt, da der Seher Gottes in Rama begraben liegt.«

»Zu spät?« Amon schüttelte sich. Heiser klang seine Stimme: »Zu spät war es, den lebenden Samuel um Rat zu fragen, nicht aber – den toten!«

Davids Kopf fuhr herum: »Wie? Saul hätte den Geist des Verstorbenen beschworen?«

»Er selber nicht!« keuchte Amon. »Wie hätte er es vermocht, da er doch den lebenden Seher schon aus seinem Herzen verloren hatte. Hört: Ein Weib, eine Hexe mußte

[15] *Nebiim:* Propheten.

her, den Geist des Gottesmannes heraufsteigen zu lassen!«

Die anderen hatten sich vorgebeugt, starrten fassungslos Amon an. »Du träumst!« stieß Eleasar hervor. »Es ist doch nicht möglich: Saul, der selbst die Zauberer und Wahrsager aus dem Lande vertrieben hat, sollte sich herbeigelassen haben, Samuels Geist durch eine Hexe zu beschwören?«

»Und doch ist es so!« beharrte Amon. »Da der Herr ihm keine Antwort gab, sprach Saul zu seinen Knechten: Sucht mir ein Weib, das einen Wahrsagegeist hat!«

»Und sie brachten wirklich eine Zauberin vor ihn?«

»Nein, Saul ritt zu ihr hin! Ihr glaubt's nicht? Nun, ich selber mußte ihn mit noch einem seiner vertrautesten Diener begleiten!«

»Wohin?«

»Nach Endor! Verkleidet machten wir uns auf den Weg, zogen von Gilboa durch die Hügel morgenwärts und schlugen dann einen Bogen nach Norden, bis wir im ungewissen Licht der Sterne den Berg, an dessen Hang Endor liegt, vor uns sahen. Der andere, der mit uns war, kannte die Gegend, stammte er doch aus Nain, das nur eine Stunde westlich von Endor liegt. Sicher führte er uns zu den Höhlen, die sich am seitlichen Berghang öffneten. Und dann«, Amon schüttelte sich, »ja, und dann standen wir vor der Alten!«

Er hielt die Öffnung des Weinschlauches, den Eleasar geholt hatte, gegen den Mund und spritzte sich einen blaßroten Strahl des duftenden Weines zwischen die Zähne. Dann, nachdem er sich mit dem Handrücken den Mund gewischt hatte: »Die Alte weigerte sich zunächst. Saul habe das Wahrsagen bei Todesstrafe verboten![16] Sie dächte nicht daran, ihr Leben für hergelaufene Gesellen aufs Spiel zu setzen!

[16] Das in fast allen antiken Kulturen übliche *Wahrsagen* war in Israel streng verboten (3.Mose 19,26.31; 20,6.27; 5.Mose 18,10–12), weil es eng mit dem Götzendienst verflochten ist. Gleichwohl ist auch Israel immer wieder der Wahrsagerei verfallen (2.Kön. 17,17; 21,6). Saul hatte die Wahrsager vertrieben (1.Sam. 28,3), erlag aber am Ende, als Gott zu ihm schwieg, selbst der Versuchung.

Nun, der König, den sie seiner Verkleidung wegen nicht erkannt hatte, redete so lange auf sie ein, schwur gar, daß er sie nicht verraten werde, daß die Alte endlich mürbe wurde. Wen sie ihm denn heraufbringen solle? Ja, ihr habt richtig gehört: Heraufbringen! sagte sie. Mir lief bei dieser Frage ein Schauer über den Rücken!

Und dann begann sie die Beschwörung: Duftende Kräuter aufs Feuer, so daß man von den Rauchschwaden, die durch die Höhle zogen, ganz benommen wurde! Dazu murmelte sie mit ihren zahnlosen Kiefern unverständliche Sprüche, während ihre Hände eine unsichtbare Schrift in die Luft malten. Plötzlich schreit sie auf, starrt den König, der mit schweißnasser Stirn dasteht und ängstlich den fadenscheinigen Mantel enger um die Schulter zieht, mit weit aufgerissenen Augen an und kreischt: ›Weh! Du hast mich betrogen! Du bist Saul, der König!‹ Ich kann euch sagen: Am liebsten wäre ich hinausgestürmt. Woher wußte die alte Hexe plötzlich, mit wem sie es zu tun hatte?«

»Die Geister müssen es ihr gesagt haben!« murmelte tonlos Samma.

»So meine auch ich!« nickte Amon. »Erschrocken fuhr Saul zusammen. Ich sah, wie seine Hände zitterten, als er keuchend hervorwürgte: ›Ja, ich bin's! Doch fürchte nichts! Ich muß ihn sprechen und befragen!‹ ›Wen?‹ fragte die Alte dagegen. ›Samuel!‹ flüsterte Saul. ›Bring mir Samuel herauf!‹

Still wurde es, ganz still. Nur das Knistern des Feuers war zu hören, und dazwischen geisterten die Zaubersprüche, die die Hexe raunte. Ein dichter Nebel füllte die Höhle, wallte auf und ab, ballte sich jetzt zusammen, als wolle er feste Gestalt annehmen.

Ich sah nicht mehr den König und den Kameraden, verschwunden war die krumme Gestalt der Zauberin. Ich hörte nur ihren dumpfen Ruf: ›Ich sehe Geister heraufsteigen aus der Erde!‹ Sauls Stimme, fremd und häßlich, dazwischen: ›Wie ist er gestaltet?‹ Und nun wieder das Geifern der Alten: ›Es kommt ein alter Mann herauf und ist bekleidet mit einem Priesterrock!‹ Ein gellender Aufschrei ließ mich zusammenfahren: ›Samuel! Samuel!‹ Saul war's, der neben mir zur Erde stürzte, mit den Fäusten auf den felsigen Boden hämmerte und schrie, immer wieder schrie: ›Samuel! Samuel!‹

Versteht ihr, daß mir das Blut in den Adern gefror?

Wie ein lichter Schimmer lag es jetzt da hinten, wo die Grotte sich im Berge verlor. Ein undeutlich verzitternder Schatten davor, wie wenn ein Vogel die Flügel bewegte. Und dann – kam's von oben oder aus der Tiefe? – ein Ruf, nachtschwarz: ›Warum hast du mich unruhig gemacht, daß du mich heraufbringen läßt?‹

Totenstille, dann eine Stimme, es muß die des Königs gewesen sein, aber wie anders klang sie als sonst! ›Meine Seele ist sehr geängstet! Die Philister ziehen gegen mich heran, und Jahwe ist von mir gewichen. Er antwortet mir nicht, weder durch Träume noch aus dem Mund seiner Propheten.‹ Und dann, kreischend, überschnappend: ›Darum habe ich dich rufen lassen! Sage mir, was ich tun soll!‹«

Amon schwieg erschöpft, wischte sich mit dem Rockzipfel den Schweiß von der Stirn, sah, wie aus einem drückenden Traum erwachend, die Gesichter der vier anderen dicht vor sich. Ah, auch sie hatte das Grauen gepackt, bleich, aber mit brennenden Augen starrten sie ihn an.

Leise sprach jetzt Amon, bemühte sich, seine Stimme zu beherrschen, und vermochte doch nicht das Grauen zu bannen, das noch immer in ihm zitterte. »Saul hatte noch nicht ausgesprochen, da war jenes andere, unirdisch klingende Grollen wieder da: ›Was fragst du mich? Jetzt, da der Herr von dir gewichen ist? Hättest du früher auf mich gehört, da es noch Zeit war!‹ Ein grelles Lachen füllte plötzlich die Grotte, und dann kam ein verhauchendes Stöhnen: ›Morgen wirst du und deine Söhne mit mir sein!‹ Und jetzt noch einmal, als äfften die kalten Felswände es höhnend nach: ›– mit mir sein!‹

Ich weiß nicht, wie lange ich da, die schmerzende Stirn auf den triefnassen Boden der Höhle gepreßt, gelegen habe. Als ich wieder zu mir kam, waren die wogenden Nebel zerronnen. Dort drüben knisterte das Feuer, davor hockte mit Eulenaugen die Alte, zerkaute tonlose Worte und fuhr sich mit ihren dürren Spinnenfingern durch das strähnige Haar.

Ich war wie von Sinnen, sah kaum den König, der wie leblos dalag, nahm nicht wahr, daß die Alte hinaushinkte. Erst als sie mit Speis und Trank vor uns stand und uns zum Essen nötigte, erwachte ich aus meiner Betäubung. Sie mußte lange fortgewesen sein, frischgeschlachtet war das Kalb, von dem sie uns vorsetzte, und noch warm das Brot. Ich würgte herunter, was sie mir gab, taumelte dann wie ein Trunkener hinter dem König hinaus.

Doch draußen, da der kühle Nachtwind mir um die Stirne strich, packte mich erneut das Entsetzen. Wie einer, der von den Geistern der Finsternis gehetzt ist, jagte ich davon: Nur fort, fort!

Ich kam erst zur Besinnung, als die Sonne über den Bergen Gadaras aufging. Dicht vor mir legte sich der Jordan über meinen Weg, und da drüben brach der Bach Jarmuk aus der Steilwand des jenseitigen Talhangs. Ich wandte mich nach Süd, rannte, als sei der Geist Samuels noch immer hinter mir, bis ich auf das Zelt eines Hirten stieß. Meinen goldenen Armreif gab ich für seinen dürren Klepper, schwang mich hinauf und ritt durch die Sonnenglut bis an den Abend. Doch der Schlaf der Erschöpfung gab meiner Seele keine Ruh. Ehe der Tag graute, saß ich schon wieder im Sattel.

So trieb es mich weiter und weiter, bis ich auf eine Streifschar stieß, die zu dir gehört. Als sie vernahmen, woher ich käme, geleiteten sie mich hierher nach Ziklag.«

Amon atmete stoßweise, flehte jetzt mit fiebernden Augen: »Weckt mich doch! Sagt mir, daß alles nur ein Traum war, ein Traum!« Er preßte beide Fäuste gegen die Schläfen. »Ich werde sonst wahnsinnig! Es kann nicht Wirklichkeit sein, was ich euch da eben erzählte. Ich muß es geträumt haben, mit offenen Augen geträumt!«

David war aufgestanden, hatte ihm die Hände auf die Schultern gelegt, sagte jetzt milde, wie man einem kranken Kinde zuredet: »Komm, leg dich schlafen. Es war zu viel, was du da gesehen hast. Wir werden dich –« Er bemerkte, wie Amons Augen in ihren Höhlen kreisten, sah ihn erbleichen und taumeln, griff fest zu und ließ den Ohnmächtigen sanft niedergleiten. Samma und Eleasar sprangen herbei, trugen den Willenlosen hinüber in den Schatten. Und während Samma ihm einen Sattel als Stütze unter den Kopf schob, eilte Eleasar, Wasser zu holen, um die Stirn des Fiebernden zu kühlen.

Wortlos stiegen David und Joab über die Trümmer zur Gasse hinaus. Erst als sie mehrere Straßen durchschritten hatten, fragte Joab aus tiefen Gedanken heraus: »Wie mag es um Saul jetzt wohl stehen?«

David zuckte die Schultern: »Wen der Herr verlassen hat, der ist schon tot, ob er gleich lebe. Und wenn sich erfüllt, was Samuels Geist ankündigte –«

»– dann wird es für uns bald viel zu tun geben!« fiel Joab ihm ins Wort. »Ja, Saul ist vom Herrn verworfen um seiner Sünden willen. Aber der Herr hat sich einen neuen König erwählt!«

Schweigend ging der Sohn Isais neben Joab her, sagte endlich, und Joab wußte nicht, war's zu ihm gesprochen oder redete David zu sich selbst: »Wer kann merken, wie oft er schuldig wird? Der Herr verzeihe mir meine verborgenen Sünden!« Und nun, es gab Joab einen Stich durchs Herz: »Er bewahre mich vor den Stolzen, daß sie nicht über mich herrschen!«

Und hebe die Krone aus dem Staub

»Wie geht es Amon?«

»Er hat die ganze Nacht geschlafen und dann, als er heute morgen erwachte, gegessen wie einer, der sieben Tage gehungert hat. Jetzt sitzt er zwischen den Trümmern meines Hauses und erzählt meinem Weibe und ihren staunend lauschenden Freundinnen Schauergeschichten!« Eleasar lachte. »Weißt du, David, wenn jene Begebenheit, die er uns gestern berichtete, auf demselben Acker gewachsen ist wie das, was er jetzt zu den Weibern schwätzt, dann gebe ich nicht viel für die Wahrheit seines Hexenberichtes!«

»Ich fürchte, er hat gestern die Wahrheit gesagt!« David sprach es aus trüben Gedanken. »Wie waren doch die Worte, die der Geist Samuels gesagt haben soll? Morgen wirst du bei mir sein!«

»Morgen wirst du und deine Söhne mit mir sein!« half Joab ein. »Ich habe es mir genau gemerkt. Wenn der Geist Wahres ankündigte, so ist Saul schon nicht mehr unter den Lebenden.«

»Saul? Nur Saul?« Der Sohn Isais stöhnte leise auf. »Begreifst du denn nicht? Du und deine Söhne! Nicht nur Saul ist dann tot, nein, auch Abinadab, Malkischua und – und Jonathan! Jonathan! War er nicht allezeit mein Freund? Hielt er mir nicht die Treue, selbst als Saul nach meinem Leben trachtete?« David war aufgesprungen, schritt mit gesenktem Kopf durch den Raum, in dem schon die Spuren des Brandes fortgeräumt waren. Nur das helle Tageslicht, das von oben zwischen die von keinem Dach mehr geschützten Wände flutete, kündete noch davon, daß die Amalekiter hier gewütet hatten.

»Jonathan, mein Bruder Jonathan!« David war, die Hände auf dem Rücken verschränkt, stehen geblieben, starrte auf Abisai, der eben mit geschmeidigen Schritten zur Tür hereinglitt. Andere Krieger waren draußen auf der Gasse zu sehen, Samma, Elhanan standen da, hinter ihnen ragte um

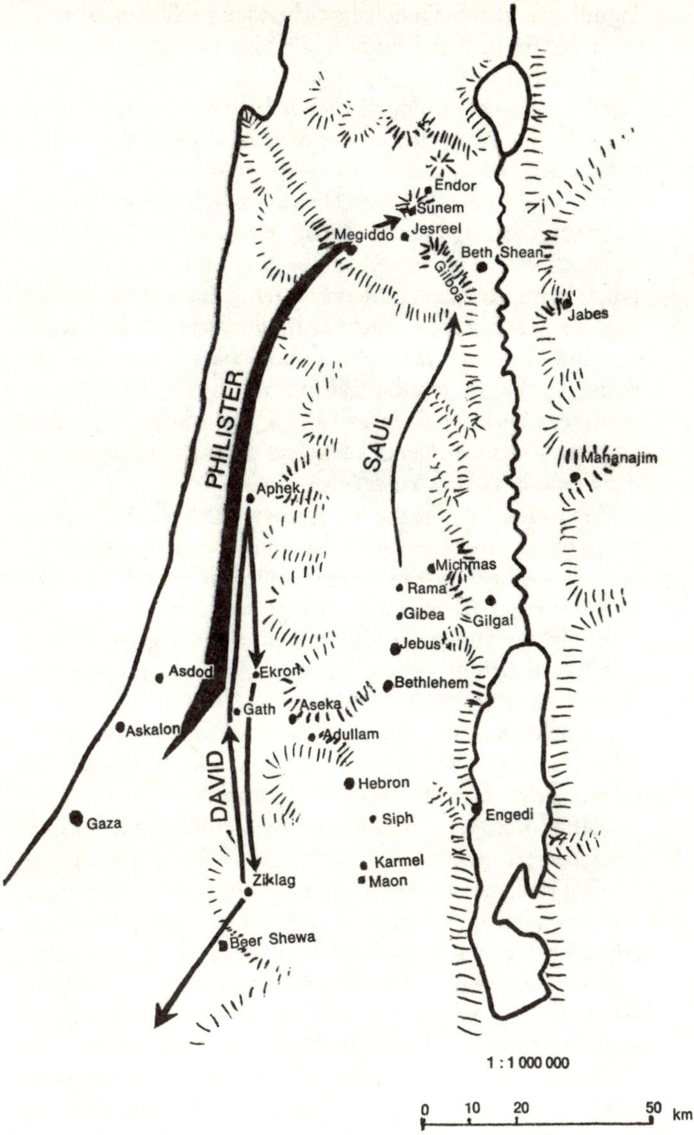
Endor
Sunem
Jesreel
Megiddo
Beth Shean
Gilboa
Jabes
PHILISTER
SAUL
Mahanajim
Aphek
Michmas
Rama
Gibea
Gilgal
Jebus
Asdod
Ekron
Bethlehem
Gath
Aseka
Askalon
Adullam
DAVID
Hebron
Gaza
Siph
Engedi
Karmel
Ziklag
Maon
Beer Shewa
1 : 1 000 000
0
10
20
50
km

Haupteslänge Benaja aus der Schar. Jetzt schoben sie einen Fremden nach vorn. Erhitzt schien sein Gesicht, auf dem es wie Triumph glänzte.

»Was ist?« fragte, noch immer halb abwesend, David.

»Ein Amalekiter ist da, der dich zu sprechen wünscht«, gab Abisai Auskunft.

»Was habe ich mit diesen Hunden zu schaffen? Haben sie nicht übel genug hier in Ziklag gehaust? Wollen sie mir jetzt, da wir ihnen den Raub abgejagt und sie vernichtend aufs Haupt geschlagen, den Frieden anbieten?«

»Der Mann kommt nicht von den Weideplätzen seines Stammes.« Abisai wandte sich und winkte den Amalekiter näher. »Er hat im Norden geweilt, war, wie er mir kurz andeutete, zuletzt im Gebirge Gilboa. Mehr konnte ich nicht aus ihm herausbringen. Er bestand darauf, nur dir persönlich seine Botschaft zu sagen.«

Ben Isai zog die Brauen zusammen und blickte finster auf den Fremden, der von den Kriegern vorwärtsgeschoben, jetzt dicht vor ihm stand. Eine Ahnung legte sich über Davids Seele: Jonathan, mein Bruder Jonathan!

Er sah die Augen der Kampfgefährten auf sich gerichtet, straffte die Schultern und fragte leichthin: »Was ist's, was du mir zu sagen hast?«

»Von Mitternacht komme ich, Herr! Ich bin geeilt, so schnell meine Füße mich trugen. Denn wichtige Kunde habe ich dir zu bringen: frohe und unfrohe zugleich!«

Näher drängten die Männer, um sich keines der Worte entgehen zu lassen.

»Die Philister stritten wider Israel, und die Männer Israels flohen vor den Philistern ins Gebirge Gilboa. Die Philister aber hingen sich an Saul und seine Söhne, so daß es ein hart Getümmel um sie ward. Erschlagen wurden Jonathan, Abinadab und Malkischua, die Söhne Sauls. Der König sah sie fallen, konnte aber nicht helfen, da er selber hart bedrängt und schon von mehreren Pfeilen verwundet war.«

Ein unterdrücktes Stöhnen ging durch die Kriegerschar.

Fäuste ballten sich, Zähne gruben sich tief in die Lippen. Der Amalekiter sah es nicht, wollte es vielleicht nicht bemerken. Oder weidete er sich gar am ohnmächtigen Grimm der Männer? Leuchtete nicht tief in seinen Augen der blanke Hohn, als er jetzt überlaut schrie: »Ich geriet von ungefähr an Saul, als er in einer Schlucht, in die er sich geflüchtet, wankend an seinem Spieß lehnte. Er hörte aus der Ferne das Rufen der Philister, die hinter ihm her waren, winkte mich heran und keuchte: ›Komm her! Nimm hier mein Schwert und töte mich, auf daß ich nicht lebend in die Hände dieser Ungläubigen falle!‹ Und da –«

David, bleich wie der Tod, hatte sich vorgeneigt. Ganz dicht vor dem Gesicht des Amalekiters war jetzt das seine. Leise, fast unhörbar, kam die Frage: »Und da –? Was tatest du?«

Der Amalekiter sah nicht, wie David einen raschen Blick mit Eleasar tauschte, bemerkte nicht, wie dessen Hand unter dem Mantel nach dem Schwertgriff tastete. Er las nur den rasenden Schmerz in den Augen, die da so dicht vor ihm waren; fühlte nur einen wilden Triumph, wehtun zu können dem da, diesem räudigen Hund von Juda! Ha, heulst du nun um die Erschlagenen deines Volkes? Warte nur, winden sollst du dich vor Qual! Und mir, dem Erbfeind, dem Amalekiter, noch dankbar sein für das, was ich als meine Tat berichte. Er warf den Kopf in den Nacken, fuhr mit einem raschen Griff unter seinen zerfetzten Mantel, hob die Hand hoch empor, so daß alle den Goldreif sahen, der im hellen Licht der Mittagssonne auffunkelte.

»Hier bringe ich dir die Krone Sauls! Und hier«, seine Linke schnellte hoch, »das Geschmeide von seinem Arm! Ich nahm es Saul, als er vor mir im Staub verröchelte!« Das Wort berauschte ihn, er mußte es noch einmal sagen: »Verröchelte!« Stolz und Triumph flammten in seinen Augen, da er nun prahlend rief: »Den Weg habe ich dir frei gemacht, Ben Isai! Ich, ich habe –«

»Du hast –?«

Der Amalekiter fühlte nicht die Drohung, die hinter der Frage stand, empfand nur den Rausch des Siegers, schmeckte nur die Süße des Triumphs, als er jetzt, die Lippen wie zum Ausspeien gespitzt, hohnlächelte: »Ja, ich habe den König Israels getötet!«

Jäh verwandelte sich das Gesicht, das eben noch vor Spott geglänzt: Schmerz verzerrte den Mund, ein ungläubiges Erstaunen brach aus den Augen, die sich weit öffneten und nun verdrehten, so daß nur noch das Weiße zu sehen war. Ein Gurgeln nun, zwei Hände gierten hoch, zu Boden klirrten Krone und Reif, dann ein dumpfer Fall.

So blitzschnell hatte Eleasar zugestoßen, daß nicht einmal Joab, der doch hart neben ihm stand, die rasche Bewegung wahrgenommen hatte.

Unbewegten Gesichts stieß der Sohn Dodos das Schwert in die Scheide zurück. Nicht ein einziger Tropfen Bluts klebte an der blanken Schneide. Joab hatte es bemerkt, dachte erstaunend: So schnell also stieß Eleasar zu! So rasch fuhr sein Schwert zurück! Er sah, wie David den Leichnam mit dem Fuß anstieß, das Haupt in den Nacken warf und über die Köpfe der erschrocken zurückweichenden Krieger hin rief: »Botenlohn wollte er heischen von mir! Belobt sein für seine Tat! Ruhm ernten, daß er mir das Geschmeide Sauls brachte! – Das Schwert traf ihn, der sein Schwert gegen den Gesalbten erhob! Das Blut, das an seinen Händen klebt, komme über seine Seele! Wer Jahwe in den Arm fällt, muß sterben. Denn der Herr alleine ist der Vergelter! Er hatte seinen Gesalbten eingesetzt. Er allein durfte ihn abberufen!«

Mit strahlendem Blick sah Eleasar auf den Freund. Leuchtete nicht der Geist des Herrn aus Davids Augen? War er, der Sohn Isais, jetzt nicht König über Israel? Erfüllt hatte sich nun, was einst Samuel im Hause Isais verheißen; damals, als dieser David vor ihm kniete: »So salbe ich dich, David Ben Isai, zum König über mein Volk! Der Geist des Herrn komme über dich und bleibe bei dir jetzt und immerdar!«

Doch was war mit David Ben Isai? Wie ein Schatten flog es über sein Gesicht. Und glänzten da nicht Tränen in seinen Augen? Die Hände tasteten nach dem Mantelsaum, krallten sich jetzt in den Stoff und zerrissen langsam den Überrock von oben bis unten hin. Mit schleppenden Schritten ging Ben Isai zum Herd, griff in die staubende Asche und streute sie in das Haar, verhüllte nun das Gesicht mit den Fetzen des Mantels.

Die Krieger begriffen, drängten schweigend hinaus auf die Gasse, nur die Getreuesten blieben, scharten sich still um den Freund, der die Totenklage anstimmte um den König Israels und um den Bruder Jonathan:

»Deine Zier, o Israel, erschlagen auf den Höhen!
Wie sind gefallen die Helden da im Streit!
Ihr Berge von Gilboa,
Nie falle wieder Tau auf euch noch Regen,
Nie reife je auf euch die Erstlingsgarb' zum Erntedank!
Saul und Jonathan, einander lieb und hold im Leben,
Nun auch im Tode nicht getrennt,
Sie, die schneller waren als die Adler,
Stärker als die Löwen!
Weint, ihr Töchter Israels, klagt über Saul!
Der euch gekleidet in Purpur und Pracht,
Der Goldschmuck geheftet euch ans Gewand!
Wie sind die Helden gefallen im Streit,
Erschlagen Jonathan auf deinen Höhen.
Es ist mir leid um dich, mein Bruder Jonathan!
Wie warst du mir so hold!
Deine Liebe war mir wunderbarer, als Frauenliebe ist.
Weh, wie sind die Helden gefallen,
Und umgekommen die wackern Degen!«

Ein leises Klirren kam vom Eingang her, Joab sah auf, erkannte einen seiner Krieger, der da stand und ihm unauffällig zuwinkte. Behutsam erhob sich der Sohn der Seruja, stand jetzt dort und lauschte dem, was der Mann berichtete.

Müde hob David den Kopf, als Joabs Hand sich auf seine Schulter legte, sah fragend den Freund an.

»Eine gute Kunde in allem Leid kann ich dir bringen, Ben Isai! Saul fiel nicht durch die Hand eines räudigen Amalekiters, er stürzte sich ins eigene Schwert, um der Schmach der Gefangenschaft zu entgehen!«

»Woher weißt du das?«

»Andere sind hier angelangt, die der Schlacht entrannen, Männer unseres Volkes, die nicht lügen. Sie haben es selbst gesehen, wie der König sich den Tod gab.«

David schüttelte den Kopf: »Und jener Amalekiter?«

»Kam an den Ort, als Saul längst tot war. Er nahm von dem Leichnam Krone und Reif, um zu prahlen und eine Belohnung von dir einzuheimsen.«

»Er hat sie bekommen!« nickte David düster. »Doch dem Herrn sei's gedankt, daß kein Ungläubiger seine Hand an den Gesalbten legte!« –

Schweigend saßen sie um die Asche des längst erloschenen Herdfeuers und gedachten der Toten. Sie nahmen es nicht wahr, daß Stunde um Stunde verrann, die Sonne sich dem Westen zuneigte und das Dunkel über das Land fiel. Ihre Gedanken wanderten hinaus zu den Bergen Gilboas, und ehrfürchtig achteten sie den Schmerz Ben Isais um den erschlagenen Freund:

> Wie sind die Helden gefallen,
> und umgekommen die wackern Degen!
> Es ist mir leid um dich, mein Bruder Jonathan!

Verworrene Geräusche waren plötzlich draußen auf der Gasse. Nahten da nicht Schritte? Undeutliches Gemurmel schwoll an, kam näher. Zuckende Lichter tanzten jetzt über die kahlen Mauern der ausgebrannten Häuser. Waren das Fackeln? Und was bedeutete das alles?

Eleasar, Benaja, Samma und wer da noch saß, sie alle hatten jetzt die Köpfe erhoben, lauschten nach draußen.

Joab federte hoch, winkte seinen Brüdern Abisai und Asahel, huschte mit ihnen zur Tür. Heller Lichtschein flutete herein, überglühte rot die Söhne der Seruja. Joab kniff die Augenlider geblendet zusammen, winkte nun denen, die da Kopf bei Kopf herandrängten, und sprang auf die Schwelle: »Was gibt's, ihr Männer? Was ist's, daß ihr die Trauer Davids stört?«

Stimmen schrien durcheinander, suchten sich gegenseitig zu übertönen: »Genug der Trauer! Der König Saul ist tot, es lebe der König David!« Joab erkannte die Gesichter alter Kampfgenossen, sah, wie diese Männer jetzt beiseite rückten, einer Gruppe Platz machten, die sich nun nach vorn schob. »Eine Gesandtschaft aus Hebron ist da!« brüllte irgendwer. »Auch wir von Karmel sind gekommen!« schrie einer im Hintergrund. »Und die von Siphanoth!« »Die von Horma!« »Die aus Athach!« schrie es durcheinander.

»Was wollt ihr?« übertönte Joab sie alle.

»David zum König machen über das Haus Juda!« scholl es wie *eine* Stimme aus der Menge.

Abjathar war plötzlich da, stand jetzt neben Joab und hob die Hand. Totenstill wurde es draußen, so daß deutlich jedes Wort, das der Priester sprach, zu hören war: »Ich habe den Herrn gefragt und die heiligen Lose geworfen.«

Abjathar machte eine Pause, rief dann mit weithin hallender Stimme: »Der Herr spricht zu meinem Herrn: Setze dich zu meiner Rechten, bis ich deine Feinde zum Schemel deiner Füße lege!«

Einen Augenblick blieb es still, doch dann brach ein Jubel los, daß die vom Feuerbrand geborstenen Mauern zu zittern schienen: »Heil unserem König David! Heil dem Gesalbten des Herrn!«

Wie eine Welle brachen die Krieger herein, schwemmten Joab, Abisai und Asahel mit sich, rissen jetzt David hoch, hoben ihn auf die Schultern, trugen ihn durchs Tor hinaus auf die Straße. Schwerter blitzten, Lanzen funkelten, Schilde schimmerten im Feuerschein.

»Heil dem Löwen aus Juda! Hosianna dem Sohne Isais!«

Und über dem Jubel saß einer, dem der zerrissene Mantel über die Knie hing und die Asche der Trauer aus den Haaren rann. Er stützte sich auf die Schultern, die ihn trugen, sah in lachende Gesichter, fühlte die Liebe des Volkes, die da wie ein Strom auf ihn zukam, ihn hob und dahintrug.

»Jonathan! Mein Bruder Jonathan, es ist mir leid um dich!«

Doch waren da nicht Joab, Abisai und Asahel? Und Eleasar, Samma, Benaja und die vielen andern? Waren diese nicht alle seine Brüder? Und der da, mit dem blinkenden Goldschild des Priesters auf der Stirn: Abjathar! Da lächelte der Sohn Isais unter Tränen, dachte in seiner Seele: Der Herr nimmt und der Herr gibt!

Abjathar war plötzlich ganz dicht neben ihm, sah ihn aus großen Augen an: »Der Herr zu deiner Rechten wird zerschmettern die Könige am Tage seines Zorns!«

Da gab der Sohn Isais auch sein Herz dem Strome hin, der ihn trug.

Ein blutiges Spiel

»Nun, Seba Ben Bichri, du bist ja so schweigsam?« Der Angeredete fuhr hoch und starrte einen Augenblick wie geistesabwesend auf den untersetzten Krieger, der ihm gegenüber saß und ihn belustigt betrachtete. Erst der offenbare Spott in den Augen des anderen schien ihn in die Gegenwart zurückzurufen. Ärgerlich stieß Seba mit dem Fuß gegen einen Stein, so daß dieser hell aufklatschend in den Teich fiel, an dessen Rand sie saßen.

»Du hast gut lachen, Abner Ben Ner!« Seba sah gedankenvoll den Kreisen nach, die sich auf dem stillen Wasser gleichmäßig nach allen Seiten ausbreiteten. »So wie der Stein, den ich eben ins Wasser stieß, seine Wellen wirft, so hat auch der Tod des Königs Saul seine Kreise gezogen!«

Seba lachte bitter auf. »Der Stein, an dem mancher Fuß sich stieß, über den manch einer strauchelte, ist zum Grunde gesunken. Saul ist tot.« Er machte eine Pause, sah dann dem Feldhauptmann Abner voll ins Gesicht. »Eschbaal trat an seine Stelle, aber ist er ein Stein, der dem Sohne Isais im Wege sein könnte?« Er schüttelte den Kopf. »Nein, David geht über ihn hinweg, ist jetzt schon König über Juda und wird morgen« – er atmete tief, stieß dann hervor: »wird morgen König über ganz Israel sein!«

Abners Gesicht blieb undurchdringlich, als er leise fragte: »Du hältst Eschbaal für zu schwach, Israel unter seinem Zepter zu vereinen?« Seba warf einen raschen Blick auf die Krieger, die in Gruppen am Rande des Teiches entlang saßen und sich an kleinen Feuern ihre Mahlzeit bereiteten. Erst als er sich davon überzeugt hatte, daß seine Worte nicht vernommen werden konnten, gab er in unterdrücktem Ton die Antwort: »Eschbaal ist ein Schwächling! Wenn du nicht wärst, hätte David sich schon längst zum König über alle Stämme aufgeschwungen.« Er beugte sich herüber und legte im Eifer die Hand auf Abners Arm. »Wenn wir nicht dauernd mit größeren oder kleineren Abteilungen hier streiften, fragte auch hier niemand mehr nach dem Sohne Sauls! Man wüßte vielleicht nicht einmal, ob er überhaupt noch lebt! Tatenlos sitzt er ja drüben in Mahanaim, wagt sich aus Furcht vor dem Sohne Isais nicht einmal nach Benjamin! Dieser David aber weiß, wie man sich einen Namen macht! Nur gut, daß er so weit im Süden sitzt! Hebron ist glücklicherweise zu abgelegen, als daß man von dort aus Einfluß auf die Stämme des Nordens gewinnen könnte. Doch wehe, wenn es dem tatendurstigen Bethlehemiten einmal einfiele, seinen Sitz weiter nach Norden zu verlegen!«

Er bemerkte, daß Abner gedankenvoll über die stille Fläche des Teiches schaute, und fuhr daher eindringlich fort: »Dann wären solche Märsche wie dieser, auf dem wir uns jetzt befinden, gar bald unmöglich! Da sind wir eben in Gibea und Rama gewesen, um den Einwohnern dieser Städte den Namen Eschbaals erneut in Erinnerung zu bringen, sitzen jetzt hier bei Gibeon und werden morgen nach Bethel marschieren, um auch dort zu zeigen, daß das Haus Sauls noch das Zepter in Händen hat. Sollte es aber dem Sohne Isais eines Tages einfallen, seinen Sitz von Hebron nordwärts zu verlegen, so ist Eschbaals Sache verloren.« Er schüttelte den Kopf. »David ist ein kluger Fuchs. Es ist mir daher wirklich ein Rätsel, weshalb er nicht schon längst von Hebron nach Bethlehem übergesiedelt ist! Warum tut er's nicht?«

»Er will einen offenen Krieg mit Eschbaal vermeiden.« Abners Worte klangen unsicher, wie wenn er selber darüber im Zweifel sei, ob sie die Wahrheit träfen. Doch bei Seba riefen sie eine Wirkung hervor, die Abner wohl nicht erwartet hatte: »Ah! Siehst du, das eben ist es! David ist schlau! Er will keinen Kampf, weil er sieht, daß die Zeit für ihn ist. Darum zieht er die Entscheidung hin!« Seba ballte die Fäuste. »Losschlagen müßten wir, ehe es zu spät ist! Noch haben wir Aussicht zu siegen, wenn's nun freilich auch einen schweren und bitteren Krieg kosten wird. Doch es muß gewagt werden, weil's morgen schon zu spät sein kann!«

»Du wünschtest also, daß die Kinder Israel einander zerfleischten?« Überrascht sah Seba den Feldherrn an und stieß hervor: »Früher oder später kommt es doch zum Kampf, da nur einer König über Israel sein kann!«

»Du sagtest vorhin selbst, daß Eschbaal nicht als König tauge?« Wieder wußte Seba nicht, wie er Abners Einrede deuten solle. Schroff, weil er nicht wußte, woran er war, warf Seba hin: »Er ist aber ein Sohn Sauls und ein Benjamit! Das genügt doch wohl? Oder willst du, daß jener Hund vom Hause Juda über Israel herrsche?«

Statt einer Antwort winkte Abner mit der Hand nach Süden hin, so daß auch Seba seinen Blick dorthin wandte. Erstaunt reckte er den Hals, um besser sehen zu können.

Waren das nicht Krieger, die dort nahten? Voraus ein Trupp, den ein schwarzbärtiger Recke anführte, dann dahinter in langer Reihe die andern? Befremdet sah Seba Abner an: »Was hat das zu bedeuten?«

Kühl kam des Feldherrn Antwort: »Es können nur Davids Krieger sein.«

Einen Augenblick verschlug es Seba die Sprache, doch dann stieß er zornig hervor: »Wie? Sollten sie es wirklich wagen, sich hier im Gebiet des Stammes Benjamin blicken zu lassen?« Abner zuckte nur die Schultern: »Wüßte nicht, was dabei ein Wagnis wäre? Oder –«, er wandte schnell den Kopf zu Seba, »befinden wir uns etwa im Kriege mit ihnen? – Nun also! Es steht doch jedem waffenfähigen Manne in Israel frei, sich im Gebiet der zwölf Stämme nach Belieben zu bewegen?«

Abner sah, wie es jetzt über Sebas Gesicht zuckte. Ein Gedanke schien dem Sohne Bichris gekommen zu sein, ein verwegener und zugleich listiger Einfall! Lautlos lachte Seba jetzt vor sich hin, und zugleich flog ein hämischer, fast schadenfroher Zug um seinen Mund. »Gut so!« flüsterte er jetzt. »Ihr Knechte Davids kommt wie gerufen.« Er brach ab und preßte die Lippen zusammen, als habe er schon zu viel gesagt. Mit gerunzelter Stirn hatte Abner ihn beobachtet, sagte nun mit Nachdruck: »Frieden herrscht zwischen den Kindern Israels! Vergiß das nicht!« Er erhob sich und rief über die Krieger hin: »Männer Davids kommen dort, um hier am Wasser zu rasten. Wir bleiben auf dieser Seite des Teiches, so daß sie drüben Raum genug haben, um sich zu lagern. Sie sind Söhne unseres Vaters Jakob, begegnet ihnen darum freundlich; sie sind Gefolgsleute Davids, haltet deshalb betont Abstand!«

Erwartungsvoll, doch ohne Zeichen besonderer Erregung sahen die Männer der näherkommenden Schar entgegen. Auch die Mannen Davids zeigten keine Scheu. Still kamen sie heran und lagerten sich, als sei es vorher schon so verabredet worden, an der anderen Seite des Weihers.

»Den Hund da drüben kenne ich!« stieß Seba hervor und deutete auf einen Krieger, der einer der Anführer zu sein schien. »Es ist Itthai, der Sohn Ribais! Aus Gibea stammt er, ist also ein gebürtiger Benjaminit. Übergelaufen zu David ist dieser Verräter!«

»Jetzt, da du den Namen nennst, entsinne auch ich mich«, gab Abner gleichmütig zurück. »Er gehörte ja früher zu Sauls Gefolgschaft und ist ein hervorragender Krieger.« Er kniff die Augen zusammen und spähte scharf hinüber. »Das dort links sind doch die halsstarrigen Söhne der Seruja? Natürlich: Joab, Abisai und – wie hieß doch der jüngste der drei? – ach ja, Asahel!« Er räusperte sich. »Joab soll bei David oberster Feldhauptmann sein! Auch die beiden anderen führen schon ihre Hundertschaften. Damals, im Feldlager vor Soho, war Asahel noch ein richtiger Junge, dabei aber dreist und mit dem Munde immer vorweg! Joab? – Hm!« Und wieder, wie schon damals im Zeltlager bei Ephes Dammim, als er zum ersten Male Joab begegnete, befiel ihn eine dunkle Ahnung kommenden Unheils, als er jetzt zu jenem hinüberblickte.

»Wollen wir sie nicht begrüßen, wie es unter Stammesverwandten üblich ist?« Sebas Frage riß den Feldherrn aus seinem Brüten. Argwöhnisch sah er in Sebas Gesicht. Hatte der nicht vorhin nur zu deutlich Haß gegen die Mannen Davids verraten? Woher plötzlich diese scheinbar so freundliche Haltung? Doch der Sohn Bichris hatte recht! Es ging schließlich nicht an, daß man sich hier gegenüberlag, als habe man nichts miteinander zu schaffen. Und wenn man auch verschiedenen Herren diente, über allem stand doch die Gemeinsamkeit des Blutes! Kinder Abrams waren auch die dort drüben. Mit einem Satz war Abner hoch. »Gut, ich werde hinübergehen und Joab willkommen heißen. Das kann nur gut sein, schon weil ich dabei ganz nebenbei einfließen lassen kann, daß er sich hier auf Eschbaals Gebiet befindet. Ich werde darum den Gastgeber spielen, der den Fremdling begrüßt.«

»Darf ich dich begleiten?« Rasch war Sebas Frage gekommen. Einen Augenblick zauderte Abner, da er fühlte, wie die Vorahnung einer kommenden Gefahr ihn beschlich. Ach was! Bin ich ein altes Weib, das sich von Ahnungen leiten läßt? Unwirsch stieß er heraus: »Meinethalben komm mit!« Verstimmt über sich selber wandte er sich um und schritt am Rande des Teiches hin, hörte hinter sich Sebas Sandalen im groben Sand knirschen.

Höflich hatten sich die Männer, die drüben, von den anderen Kriegern etwas beiseite, gesessen hatten, bei seinem Nahen erhoben. Ja, das waren sie: Joab, Abisai und Asahel, die Söhne der Seruja, der vierte da war Itthai Ben Ribai aus Gibea. Drei Schritte vor ihnen verhielt Abner den Schritt, kreuzte die Arme über der Brust und neigte grüßend das Haupt: »Abner Ben Ner, der Feldhauptmann des Königs, heißt seine Brüder aus dem Stamme Juda willkommen!« Fein hast du das gemacht, dachte er. Der Feldhauptmann des Königs! Es gibt also nur einen, der König ist! Und: Die Brüder aus dem Stamme Juda! Stillschweigend übergangen hast du damit den Benjaminiter Itthai. Jetzt mußt du ihnen noch etwas deutlicher zu verstehen geben, daß du hier Herr im Hause bist, sie aber nur Fremdlinge und geduldete Gäste! Mit freundlichem Lächeln, doch kalten Augen sprach er weiter: »Willkommen heiße ich euch in Benjamin! Betrachtet euch als unsere Gäste, stillt euren Durst aus dem Teich von Gibeon und verweilt, so lange es euch beliebt.«

Ein kurzes Aufblitzen in Joabs Augen verriet, daß dieser den Sinn der Worte verstanden hatte. Doch zuvorkommenden Tones erwiderte er: »Wir danken dir, Abner Ben Ner, der du der Oberste unter den Feldhauptleuten des Königs Saul warst.« Ah, pfiffig war der Sohn der Seruja! Wie geschickt er deine Worte verdreht, den Titel König auf Saul münzt! Auf Saul, der längst tot ist! Paß jetzt scharf auf, was er noch sagt! »Darf ich dich bitten, an unserer Seite Platz zu nehmen? Es wird mir und meinen Brüdern eine Freude sein, im Gespräch mit dir alte Erinnerung zu wecken an jene Zeit, da du den Heerbann Israels befehligtest.« Da war sie wieder, diese versteckte Anspielung darauf, daß du ein Oberst in Israel warst, aber heute nicht mehr bist! Lächle dazu, lächle!

Mit zwei, drei raschen Schritten war Abner herangetreten, ließ sich jetzt an dem kleinen Feuer, über dem ein Stück Hammelfleisch am Spieß brutzelte, mit untergeschlagenen Beinen nieder. Er sah, wie Seba mit finsterem Gesicht herantrat. Ärgerlich war er wohl, daß niemand ihn beachtete? Mochte er! Wozu kam er überhaupt mit?

»Darf ich den Namen des jungen Kriegers erfahren?« Ohne Seba anzublicken, hatte Joab die Frage hingeworfen. Und wieviel unausgesprochene Verachtung lag in der Bezeichnung »junger« Krieger! Ha, schadet dir gar nicht, Seba! Warum mußtest du dich mir auch als Begleiter aufdrängen! »Seba Ben Bichri ist es.« Beiläufig hatte Abner die Antwort gegeben, setzte jetzt gleichmütig hinzu: »Aus dem Hause Benjamin.« »Ah!« Höflich klang Joabs Stimme, doch welche Nichtachtung lag in der Handbewegung, mit der er Seba einen Platz zuwies! Grad', als wenn er einem Hunde winke, er solle still sich kuschen! Peinlich war's für Seba, peinlich! Abner war's ihm nicht zu gönnen? Fast fühlte Abner sich versucht, dem Sohne der Seruja zuzulächeln!

Zuvorkommend erkundigte sich jetzt Joab nach Woher und Wohin, nötigte mit der Miene eines Hausvaters zum Zulangen, kurz, tat, als sei er der Gastgeber und der königliche Feldoberst nur ein Gast. Vergeblich war es, daß Abner versuchte, das Gespräch auf Eschbaal, den angestammten König Israels, zu bringen. Geschickt bog Joab ab, schwärmte jetzt vom Feldlager zu Ephes Dammim, von dem Philisterriesen, der damals das ganze Heer Israels eingeschüchtert hatte, und kam nun zwanglos auf David zu sprechen, der den Riesen erschlug.

Abner konnte ein Gefühl der Bewunderung für die Art, in der Joab dem Gespräch diese Wendung gegeben hatte, nicht ganz unterdrücken. Beneiden konnte man David, der es verstanden hatte, eine solche Schar auserwählter Mannen um sich zu sammeln! Da waren diese Serujakinder, jener schweigsame Itthai dort drüben; da waren Recken wie Samma, Benaja und Elhanan. Ach, wer wollte sie alle aufzählen, die sich um David gesammelt hatten! Wie die Hyänen der Fährte des Löwen folgen, um teilzuhaben an seinem Raube, so hängten sich alle, die nach großen Taten verlangten, an den Sohn Isais. Wäre dort nicht auch für dich der rechte Platz, Abner Ben Ner? Da wärst du unter Männern, die dir gleich sind!

Aber nein! Du stehst ja hinter Eschbaal, dem Sohn deines Vetters Saul, stützt diesen Schwächling, dem schon beim bloßen Gedenken an David die Knie schlottern. König ist er? Ha, er sitzt auf seinem Thron, wie ein Kind im Sattel hockt, das zum ersten Male reitet! Und du läufst nebenher und stützt dieses Kind, damit es nicht herabfällt. Wahrlich, eine großartige Aufgabe hast du übernommen! Wundere dich nur nicht, daß diese Männer im geheimen über dich lachen!

Abner war so in seine bitteren Gedanken versponnen, daß er kaum mehr hingehört hatte, was jetzt gesprochen wurde. Was sagte da eben dieser heillose Seba, der hier in diesem Kreise eigentlich gar nichts zu suchen hatte? Von einem Turnier redete er? War wohl durch die Geschichte von Davids Kampf mit Goliath darauf gekommen?

Aufmerksam horchte jetzt Abner auf das, was der Sohn Bichris da redete: »Nicht wahr? Ist doch schon immer ein guter alter Brauch gewesen, in freundschaftlichem Kampf die Kräfte zu messen?«

Überrascht hob Abner den Kopf: Ah, darauf ging's hinaus! Nun, wenn beide Seiten sich an die herkömmlichen Regeln hielten, war der Vorschlag nicht unrecht. Warum sollte man die Jungen nicht turnieren lassen? Freilich, gut aussuchen müßte man die Leute! Denn Davids Mannen waren alterfahrene Krieger, selbst die Jüngsten unter ihnen hatten schon gegen Philister und Amalekiter im Felde gestanden. Doch schließlich sind auch unsere Leute nicht zu verachten. Berufskrieger sind sie, nicht zu vergleichen mit dem allgemeinen Heerbann, der in Notzeiten aufgeboten wird und sich aus Bauernjungen rekrutiert, die den Dreschflegel aus der Hand legen, um für kurze Zeit einmal zum Schwert zu greifen. Ach ja, manches hat sich, seit Saul König wurde, in Israel verändert! Erwehrte sich noch zur Zeit der Richter Israel seiner Feinde, indem es, wenn dem Volke Gefahr drohte, die Bauern und Hirten zum Heiligen Kriege aufbot, so hatte Saul sich aus Söldnern ein kleines, aber schlagkräftiges Heer zu schaffen gewußt, das ihm jederzeit zur Verfügung stand. Du selber hast es ja aufgebaut und nach Sauls Tod seinem Sohn Eschbaal zugeführt. Und jene da? Auch sie sind Landsknechte, denen der Kampf zum Lebenszweck geworden ist. Darum liefen sie David zu, scharten sich in der Wüste um ihn, dienten ihm als Freischärler und sind auch jetzt allezeit seiner Befehle gewärtig.

»Gut! Lassen wir die Jungen turnieren!« Abner hatte sich in den Schultern gestrafft, gebot mit einer fast heftigen Handbewegung Seba Schweigen, der eben wieder das Wort ergreifen wollte.

»Ich nehme deinen Vorschlag an«, gab Joab nach kurzem Besinnen zurück. »Die jungen Leute mögen sich rüsten, um vor uns ein Kampfspiel auszutragen. Da der Gedanke von dir kam, magst du auch bestimmen, wie viele zum Turnier antreten sollen.«

»Wär's dir recht, wenn wir die Zahl der Teilnehmer auf zwölf begrenzten?«

»Einverstanden!« lächelte Joab. »Die anderen Krieger nehmen wie üblich Aufstellung und enthalten sich jeglicher Einmischung.«

Abner erhob sich. »Selbstvertändlich! Es gelten die alten Turnierregeln. Gestatte, daß ich mich zu meinen Leuten begebe, um die zwölf Krieger, die antreten sollen, zu bestimmen.« –

In zwei schweigenden Haufen standen die Mannen Davids und Eschbaals sich gegenüber. Dazwischen, in dem freigelassenen Raum, warteten die zum Turnier Auserwählten auf das Zeichen der Anführer.

Zehn Schritte vor der Front seiner Schar stand Joab, rief jetzt zu Abner hinüber: »Seid ihr bereit?« Doch dann, ehe der Sohn Ners noch hatte antworten können, stutzte Davids Feldhauptmann, fragte nun verwundert: »Sehe ich recht? Ich zähle auf eurer Seite dreizehn Krieger?« Unangenehm überrascht musterte Abner die Gruppe, die er zum Turnier hatte antreten lassen. Ah, was hatte Seba dort zu suchen? Und was tuschelte er da so nachdrücklich dem jungen Semaja ins Ohr?

»Seba!« Schneidend klang Abners Stimme. »Seba! Her zu mir!« Er sah nicht das heimtückische Aufblitzen in den Augen Sebas, der sich nun, da alle ihre Aufmerksamkeit auf die vierundzwanzig Wettkämpfer richteten, vorsichtig zur Seite schob.

Hinter hocherhobenen Schilden rückten die beiden Zwölferreihen gegeneinander vor. Dumpf prallten die Schilde zusammen, mit hellem Singen klirrte nun Schwert auf Schwert. Kampfgeschrei klang auf, als sei's kein Scheingefecht, sondern ernsthafter Kampf. Jetzt mußten, wie es die alten Turnierregeln vorschrieben, die Kämpfer sich wieder lösen, zurückweichen, um dann in erneutem Anlauf aufeinanderzuprallen. Doch da, was war das? Wankte nicht einer der Krieger? Dort der zweite im Glied der Mannen Davids? Ein Stöhnen nun, und dann ein dumpfer Fall! Mit weit aufgerissenen Augen starrte Abner auf den jungen Krieger, der sich dort im Todeskampf krümmte. Wie kam es, daß aus fröhlichem Spiel blutiger Ernst geworden war? War's ein Versehen? Nein, Semajas Schwert war rot vom Blut! Semaja, mit dem eben noch Seba heimlich geflüstert hatte!

Mit einem Ruck schnellte Abner herum, da er begriffen hatte. »Seba!« schrillte seine Stimme. Zu spät! »Verrat! Verrat!« gellte es drüben. Abner wollte hinspringen, den Verräter niederhauen, da brandete es wie eine Welle über ihn hinweg! Wildes Geschrei, Keuchen und Schwerterklirren, Aufstöhnen und Röcheln, ein Heulen, als sei die Hölle los! Abner fühlte sich eingekeilt in einem wilden Knäuel ineinanderverbissener Kämpfer, sah ein Schwert hart vor seinen Augen blitzen, ein dröhnender Schlag nun, der ihm die Sturmhaube vom Kopf riß! Er taumelte, sank in die Knie, vernahm ein schneidendes Pfeifen, wie wenn eine Klinge hart über ihm dahinzischte. Ein schriller Todesschrei dann, irgendwer fiel über ihn, riß ihn nieder. »Tod den Verrätern!« heulte es dicht über ihm. War das nicht Joabs Stimme? Abner biß die Zähne aufeinander, daß er es selber knirschen hörte. Noch im Liegen griff er nach dem Schwert, riß es aus der Scheide. Jetzt wurde es wieder licht um ihn, hell strahlte dort oben die Sonne! Hoch das Schwert, Abner! Abisai ist das, der da eben, während du hier noch wie benommen stehst, Semaja niederstach und nun gegen dich andringt!

»Tod den Verrätern!« schreit der Serujasohn und holt zum tödlichen Streich aus. Abner hat das Schwert hochgerissen, fängt den sausenden Hieb auf, fühlt einen stechenden Schmerz durch den Arm zittern! Die Hand kann den Schwertgriff nicht halten, mit hellem Singen schwirrt die Waffe durch die Luft. »Stirb!« heult Abisai und schwingt die Klinge über Abners Kopf. Da wirft sich der Waffenlose herum, duckt sich nieder und stürzt davon. Doch hinter ihm gellt Abisais Stimme: »Asahel! Da flieht Abner! Ihm nach!«

Er springt über Gefallene, hört das Siegesgeschrei der Krieger Davids, sieht, wie Itthai da eben einen Fliehenden niedersticht. Ja, sie wissen zu fechten, die Mannen Davids! Was sind vor diesen Philistertötern die Knechte Eschbaals? Ein Haufen Spreu, in den der Sturmwind fährt!

Überall laufen die Helden, die du, Abner, anführtest. Da vorn biegt eben eine Schar in die Schlucht, die sich zwischen den Bergen hinzieht. Joab ist hart hinter ihnen, wütet wie ein Löwe.

Biege zur Seite ab, Abner! Sieh, da liegt ein Gefallener.

Schwert und Schild haben sie ihm schon genommen, doch da ist noch sein Speer! Im Laufen reißt Abner die Waffe hoch, ah, nun ist man doch nicht mehr ganz wehrlos!

Als er die Berglehne hinaufhetzt, wirft er einen raschen Blick über die Schulter zurück: Einer ist dich hinter mir! Schnellfüßig muß der Bursche sein, daß er mit mir noch immer Schritt hält. Bin ich doch einer der besten Läufer, die es in Israel gibt. Aber Abisai scheint zurückgefallen zu sein. Aus weiter Entfernung schon klingt seine Stimme.

Weiter und weiter geht die wilde Jagd. Gut, daß du rechtzeitig abgebogen bist. Still geworden ist es ringsumher, nur dort rechts laufen noch einzelne Gruppen Versprengter nach Osten. Doch jetzt schiebt sich die Höhe da zwischen dich und die andern. Wenn nur diese Hitze nicht wäre! Trocken klebt die Zunge am Gaumen, keuchend pfeifen deine Lungen. Und spürst du nicht, wie deine Beine zittern? Kein Wunder, du bist ja nicht mehr einer der Jüngsten, Abner!

Dem Herrn sei Dank, daß sich das Gelände jetzt neigt, da unten ist ein tiefeingeschnittener Bach. Hinein! Wie das Wasser aufspritzt! Oh, wenn du doch trinken könntest! Aber da hinter dir sind immer noch Schritte! Und du hast nichts als einen Speer. Lauf! Lauf, es gilt dein Leben!

Jetzt geht es wieder bergauf. Setz alle Kraft daran, daß du hier Vorsprung gewinnst! Vielleicht kannst du die Verfolger an diesem Hang hinter dir lassen? Dann wendest du dich hinter dem Berggrat, sobald sie dich nicht mehr sehen können, seitwärts und schlägst einen Haken. Zu bewundern sind die Burschen, die sich da an deine Fersen geheftet haben. Daß sie immer noch diese Jagd durchhalten! – Wie viele sind es denn eigentlich? Vorsichtig wendet Abner den Kopf, ein triumphierendes Lächeln fliegt über seine von der Anstrengung verzerrten Züge: Es ist nur noch einer, der da hinter ihm herhetzt! Nur einer!

Halte ein, Abner! Was fliehst du noch? Mit einem Gegner wirst du allemal fertig, auch wenn du nichts als einen

Spieß hast! Da ist ein niedriger Felsabsatz, das ist die rechte Stelle! Hinauf!

Abner schwingt sich empor, fährt nun, den Speer zum Stoß bereit, herum. Keine zwanzig Schritte unter ihm klimmt eben der Verfolger zwischen dem Geröll empor. Er hat den Kopf gesenkt, um auf den schwierigen Weg zu achten. Ein junger Bursche ist es, nun, den kannst du leicht abtun! Da, jetzt hebt er den Kopf, es ist – »Asahel! Du bist's?«

Der dort unten hält an, stützt sich auf sein Schwert. Auch ihm fliegt vom schnellen Lauf die Brust. »Ja, ich! Wer sonst wäre schnellfüßig genug, dir auf den Fersen zu bleiben?« Ein väterliches Lachen kommt aus Abners Mund. »Junge! Laß dir raten vom alten Abner: Die Trauben hängen hier für dich zu hoch.« Der Feldhauptmann weist über die Höhe nach West: »Lauf da hinüber, wenn du deinen Mut kühlen willst. Greif dir dort einen Gegner, um mit ihm die Klinge zu kreuzen, und hole dir seine Rüstung als Beute. Hier aber, bei mir, hast du nichts verloren!« Wie ein Aufflammen jagt eine Röte über des jungen Kriegers Gesicht: »Dich muß ich haben! Was ist's schon für Ehre, wenn ich einen jener Feiglinge niedersteche!« Er hebt den Schild, klettert herauf, wilde Entschlossenheit in den Augen.

Tiefernst ist Abner geworden. »Laß ab von mir, Asahel! Willst du denn durchaus, daß ich dich junges Blut zu Boden schlage?« Er fühlt, kaum daß das Wort heraus ist, daß er's falsch, ganz falsch angefangen hat. Die Drohung reizt den Serujasohn nur noch mehr, raubt ihm die letzte Beherrschung. »Zurück!« keucht Abner. »Ich habe kein Verlangen danach, mir deine Brüder als Bluträcher auf den Hals zu laden!«

Zu spät! Schon schwingt der Junge sich auf den letzten, sie noch trennenden Felsabsatz. Da wendet sich der Alte wie zur Flucht, stößt noch im Wenden mit dem Speerschaft nach hinten, fühlt, wie das Holz in Weiches trifft, und hört einen unterdrückten Schrei. Er reißt den Spieß nach vorn, sieht Blut auf dem Holz des stumpfen Endes und fährt herum: Da liegt Asahel mit dem Gesicht zwischen den Steinen, das Schwert ist der Hand entglitten, die sich zitternd in eine Gesteinsspalte krallt, nun erschlafft und müde zur Seite fällt.

Abner ist hingesprungen, kniet neben dem jungen Krieger und wendet ihn vorsichtig herum. Der Junge ist tot! Der Speerschaft ist ihm in den Leib gedrungen, hat die Eingeweide zerrissen, ist zum Rücken wieder herausgefahren.

Mit bebender Hand hat Abner dem Toten die Augen zugedrückt, richtet sich jetzt empor und wirft einen langen Blick in die Ferne. Er sieht Joabs Augen vor sich, drohend, finster und zum Letzten entschlossen. Joabs Augen!

Mit zusammengepreßten Lippen wendet sich Eschbaals Feldhauptmann, steigt langsam, als sei er jählings um Jahre gealtert, das letzte Stück der Halde empor und verschwindet jetzt drüben jenseits des Kammes.

Blutrache

»Ich habe euch heute hergebeten, damit wir uns über die augenblickliche Lage offen aussprechen.« David Ben Isai ließ seine Augen über die Männer gleiten, die da in erwartungsvollem Schweigen saßen: der Priester Abjathar, ruhig wie immer, gleich neben ihm Husai, dessen schwarze Augen wieselflink hin und her gingen; Benaja dann, wuchtig und voll verhaltener Kraft. Er hatte das Schwert über den Knien und schien geduckt zu lauern. Ahithophel dagegen hatte sich bequem zurückgelehnt, um seine Augen spielten tausend listige Fältchen. Anders, ganz anders wieder Eleasar! Gespannt vorgeneigt hockte er da, während sein Blick gleich dem eines treuen Hundes am Gesicht seines Herrn hing.

Ganz still war es geworden, so daß man deutlich das Rieseln des Wassers vernahm, das aus der Tonröhre in den kleinen Brunnenweiher rann, der die Mitte des Hofplatzes einnahm.

Langsam sprach David in das Schweigen hinein: »Ihr wißt, daß Abner Ben Ner durch geheime Boten Verbindung zu uns aufgenommen hat.« Abjathar nickte leise mit dem Kopf, warf dann vorsichtig ein: »Es war seit Jahren vorauszusehen, daß er es eines Tages tun würde. Abner ist zu klug, um sich von einem so unbedeutenden Menschen wie Eschbaal vor den Pflug spannen zu lassen.« Er räusperte sich, sagte dann entschlossen: »Schon die Berichte über jenes Scharmützel am Teiche von Gibeon ließen es deutlich werden, daß er selber den Kampf nicht heraufbeschworen hatte. Die Vernehmung der Gefangenen zeigte, daß er wirklich in Güte die zufällige Begegnung dort enden lassen wollte. Nur der durchtriebenen Heimtücke einiger benjaminitischer Hitzköpfe ist es zuzuschreiben, daß aus dem Spiel blutiger Ernst wurde.« Er seufzte und rieb die hageren Hände. »Um Israels willen ist es zu bedauern, daß es damals zum Kampfe kam. Ich denke dabei nicht nur daran, daß das Blut von Brüdern vergossen wurde. Nein, was schlimmer ist: Eine Entwicklung, die sich bereits vielversprechend abzeichnete, wurde aufgehalten! Ohne jenen Zwischenfall dort bei Gibeon wäre Israel vielleicht schon unter deinem Zepter geeint.« Er deutete zu David hin eine leichte Verneigung an. »So aber, wie es nun gekommen ist, riß die Kluft erneut auf: Hier Juda, dort die anderen Stämme; hier David, dort Eschbaal.«

»Hier Joab, dort Abner!« setzte Ahithophel trocken hinzu.

»Du hast leider recht«, stimmte der Priester bedauernd zu. »Schon immer war in Joabs Herz eine Abneigung gegen Abner. Der Grund? Nun, wir alle sind klug genug, um zu erkennen, was Joab gegen Abner eifern läßt: Es ist die unbestimmte Furcht, jener könne ihn, falls es zu einer Wiedervereinigung Israels kommt, verdrängen! Jetzt ist Joab der erste Feldherr.« Abjathar hob die Stimme. »Und er hat es wahrlich verdient! Nicht in den Schoß gefallen ist ihm dieses hohe Amt, er hat es sich hart erkämpft in jenen Jahren, da wir noch in der Wüste waren, in dauernder Abwehr gegen Philister und Sauls Knechte. Ich meine daher, wir müßten Joabs eine ganz klare Zusage geben, daß er der oberste Feldherr auch dann bleibt, wenn das gesamte Israel auf uns hört. Vielleicht könnte ihn das bestimmen, seine geheime Feindschaft gegen Abner fallenzulassen.«

»Dazu ist es zu spät!« Benaja hatte sich mit zusammengezogenen Brauen vorgeneigt. »Du vergißt, daß im Gefecht von Gibeon Asahel fiel!«

»Die Krieger, die den Vorgang aus der Ferne verfolgten, sagten einmütig aus, daß es eher wie ein Unglücksfall aussah«, gab Abjathar ruhig zurück. »Es war eigentlich gar kein Kampf, Asahel rannte im Übereifer in Abners Speerschaft.«

»So legen wir es aus!« lächelte der Riese grimmig. »Doch Joab sieht die Sache anders. Für ihn war's Mord! Und das bedeutet, daß er jetzt nach Abners Blut lechzt! Er und Abisai werden alles tun, um an Abner die Rache für Asahels Tod zu vollstrecken.«

Eine Weile war es still, dann fragte David: »Was meint ihr andern dazu?« Er nickte Benaja gutmütig zu. »Wir wissen ja, daß Benaja auf Joab nicht allzugut zu sprechen ist. Er erkennt seine über alle Zweifel erhabene Tapferkeit und Treue an, hat aber schon oft vor seiner Rachsucht und Starrköpfigkeit gewarnt.« Der Sohn Isais winkte Ahithophel mit den Augen zu. »Nun, wie schätzt du Joab ein?«

»Joab ist ein Krieger wie kaum ein anderer.« Er sah es in Benajas Augen aufblitzen und freute sich im geheimen, daß es jenem einen Stich gegeben hatte. »Joab ist auch ein Feldherr, dessen kaltblütige und kluge Berechnung uns manchen Sieg gebracht hat. Dazu kommt, daß er dir, David Ben Isai, blind ergeben ist. Einer Untreue ist Joab einfach nicht fähig.« Ahithophel bemerkte nicht, daß Husai, als diese Worte fielen, die Augen zusammenkniff und ihn scharf beobachtete. »Nein, ein Joab wird sich niemals zu Ränken hergeben! Aber«, jetzt neigte Ahithophel den Kopf, »all diesen Vorzügen stehen auch Fehler und Schwächen gegenüber. Er neigt zum Jähzorn und zur Rachsucht. Und manchmal könnte man gar meinen, er habe eine Lust daran, Blut fließen zu sehen!« Er richtete sich jetzt aus seiner bequemen Stellung auf und sah David voll an. »Es war klug von dir, ihn in diesen Tagen fortzuschicken. Es wird gut sein, daß Joab nicht in Hebron ist, wenn – Abner hierher kommt!«

Überrascht sahen die andern auf, nur Husai schien unbewegt. Auch David hatte kurz aufgeblickt, lächelte aber nun: »Du hast erraten, worüber es heute zu sprechen gilt! Ein Bote brachte mir gestern die Nachricht, daß der Sohn Ners heute abend eintrifft.«

»Allein?« wollte Eleasar wissen. »Nein«, gab David Auskunft, »er kommt mit einer Begleitung von etwa zwanzig Mann.«

Nachdenklich schwiegen sie, dann sagte Abjathar: »Daß er es seit einiger Zeit versucht, mit uns zu einem guten Abschluß zu kommen, war schon damals zu vermuten, als zum ersten Male seine Beauftragten hier erschienen. Wir hegten jedoch anfangs Zweifel an der Aufrichtigkeit Abners.« Er sah wie fragend zu David hinüber, so daß dieser sich aufgefordert fühlte, das Wort zu nehmen: »Auch ich wußte nicht recht, ob Abner es wirklich ernsthaft meinte. Darum stellte ich an ihn das Ansinnen, mir Sauls Tochter Michal zuzuführen.«

»Eine sehr geschickte Forderung!« lächelte Ahithophel. »Du fingst damit zwei Schakale in einer Falle! Abner mußte Farbe bekennen. Denn was du da verlangtest, verstieß gegen die Wünsche Eschbaals. Und das andere: Du bist jetzt Schwiegersohn des ehemaligen Königs, also ernsthafter Anwärter auf den Thron Israels.«

»So ist es«, gab Ben Isai freimütig zu, »wenngleich mir an einer solchen äußeren Bestätigung meines Königtums auch nicht viel gelegen ist. Ich lasse mir daran genügen, daß der Herr mich erwählte. Doch ich sah ein, daß das Volk den Glanz überlieferter Würde schätzt und ohne Frage beeindruckt wäre, würde ich Sauls Eidam. Darum ließ ich Abner gegenüber damals durchblicken, daß mir Michal durchaus nicht unwillkommen sei. Nun, er verstand und kam ohne Zögern meinem Wunsche nach. Er hat damit bewiesen, daß ihm ernsthaft darum zu tun ist, mit uns zu einem guten Einvernehmen zu gelangen.«

»Und damit ist Eschbaal bereits ein toter Mann«, nahm Husai, der bisher geschwiegen hatte, das Wort. »Denn Abner ist Sauls rechter Vetter und hat die nördlichen Stämme hinter sich. Geht er zu dir über, so bist du König in Israel.«

»Und doch begreife ich nicht ganz, wie Abner dies alles vor sich selber rechtfertigt?« Benaja schüttelte den Kopf, fügte nun, da er sah, daß die anderen ihn noch nicht recht verstanden hatten, barsch hinzu: »Schließlich ist Eschbaal doch Sauls Sohn! Saul aber war ein Vetter Abners. Das, was Abner da vollzieht, ist also mehr als ein bloßer Parteiwechsel. Es ist Verrat an der eigenen Sippe!«

Husai lächelte hintergründig, als er leise antwortete: »Es steckt, wie so oft im Leben, eine Frau dahinter. Unter den Weibern, die im Frauenhaus Sauls lebten, befand sich auch eine Tochter Ajas mit Namen Rizpa.« Er sah, daß Ahithophel zustimmend nickte. »Du entsinnst dich, Ahithophel? Nun«, Husai schmunzelte, »um es kurz zu machen: Abner nahm sie, ohne Eschbaal zu fragen, zum Weibe!«

»Und nun hat ihm Eschbaal eifersüchtige Vorhaltungen gemacht!« lachte Benaja. »Ich glaube nicht, daß es nur Eifersucht war, die ihn dazu trieb«, erwiderte nachdenklich Husai. »Hinter seinem erregten Widerspruch steht etwas anderes: Wenn Abner sich ein Weib aus dem Hause Sauls aneignet, so ist es nicht weiter verwunderlich, daß Eschbaal darin einen Eingriff in seine Rechte sieht. – Darüber ist es nun zum offenen Bruch zwischen den beiden gekommen. Eschbaal hat Abner schroff zur Rede gestellt. Das wieder hat Abner, der Eschbaal im Grunde verachtet, übel vermerkt und zum Anlaß genommen, sich von ihm loszusagen.« Ein stummes Lachen schüttelte Husai. »Ich brauche euch wohl nicht zu sagen, daß dieser Streit Abner sehr gelegen kam! Nun hat er endlich einen Grund, die Seite zu wechseln. Sogar sein eigenes Gewissen ist beschwichtigt: Eschbaal ist schuld! Er hat mich auf Davids Seite getrieben!«

Benaja pfiff durch die Zähne: »So also sieht es hinter der Zeltwand aus! Nun wird mir allerdings manches klar.« Er wandte sich zu David um. »Und wie gedenkst du dich daraufhin zu verhalten?«

»Wir werden heute abend Abner mit allen Ehren, die ihm als Feldherr zustehen, empfangen.«

»Abner wird, da er so viel bringt, auch Forderungen stellen.« Eine steile Falte stand auf Benajas Stirn. »Welchen Rang wird er im Königreich Israel einnehmen?« Ein kurzes Zucken um Davids Augen verriet, daß er sehr wohl verstanden hatte, was im Herzen Benajas vor sich ging. »Du brauchst keine Sorge zu haben«, wehrte er lächelnd ab, »daß ich meine alten Getreuen zurücksetzen werde. Du bleibst wie bisher der Anführer meiner Leibwache. Oberster Feldherr wird nach wie vor Joab sein.« »Und Abner?« fragte hartnäckig Benaja. Ben Isai überlegte kurz, sagte dann: »Ich denke es mir so, daß Abner das Aufgebot der nördlichen Stämme kommandiert, da er ja diese uns zugeführt hat.«

Benaja lehnte sich zurück. »Gut, ich für meine Person bin zufrieden. Doch«, er zögerte, »wird Joab mit dieser Regelung einverstanden sein? Wir dürfen nicht übersehen, daß Abner auch dann, wenn er nur den Heerbann der Nordstämme führt, eine große Macht in Händen hält.«

David legte den Kopf in den Nacken. »Joab wird sich darein finden müssen, daß außer ihm an meiner Seite auch für andere Helden Platz ist!«

Er erhob sich. »Wir sind uns also über das, was zu geschehen hat, klar. Ich danke euch für eure Ratschläge. Heute abend sehe ich euch dann hier wieder!« –

»Was höre ich? Dieser Hund hat es wirklich gewagt, sich in Hebron sehen zu lassen?« Die aufgeregte Stimme Joabs überschlug sich. David Ben Isai maß den Empörten mit tadelndem Blick. »Ist das die Weise, in der man seinen Freund und – König begrüßt?« Die ruhige Zurechtweisung brachte den Sohn der Seruja wieder zu sich, so daß er sich endlich, dem Wink Davids folgend, niederließ. Die Anstrengung, sich beherrschen zu müssen, trieb ihm die Röte ins Gesicht. »Nun ja«, stieß er mühsam hervor, »da schlägt man sich mit den Philistern herum, jagt, kaum daß man mit diesen fertig ist, einem plündernden Haufen der Amalekiter nach. Stolz und glücklich kehrt man mit reicher Beute heim, um dann hier, kaum daß man durchs Tor gekommen ist, zu erfahren, daß Abner Ben Ner hier gewesen ist!« Seine Hand fuhr an den Griff des Schwertes. »Ha, wenn ich ihm in Hebron begegnet wäre! Er lebte nicht mehr!«

»Joab!« David war aufgestanden und hinter den Serujasohn getreten, legte jetzt seine Hand auf dessen Schulter und sagte: »Höre doch erst, was Abner bei uns wollte! Er bot uns den Frieden an, mehr: die Krone über ganz Israel!«

Joab war aufgesprungen, stand nun Auge in Auge Ben Isai gegenüber. »Du traust diesem Hund? Du traust ihm wirklich?« Zischend kamen seine Worte. »Kundschaften wollte er hier! Sehen, wie stark dein Heer sei und ob das Volk zu dir hält. Du bist ja verblendet, wenn du glaubst, jener böte dir jemals die Krone Sauls an! Ein Fuchs ist er, ein heimtückischer Schakal! Niemals wird er –«

»Joab! Du läßt dich von deinem Rachedurst gegen Abner hinreißen!« David rüttelte Joab an der Schulter. »Und dabei sind sich alle ruhig Denkenden darüber einig, daß Abner nicht Asahels Tod wollte!«

»Er hat Asahel niedergestoßen!« Joab stampfte zornig mit dem Fuß auf. »Und Blut schreit nach Blut! Abisai und ich werden –«

»Ruhe halten!« donnerte David dazwischen.

»Das Gesetz sagt: Auge um Auge, Zahn um Zahn!«

»Wenn es sich um Mord handelt, nicht aber, wenn einer den Gegner im ehrlichen Kampfe fällt!«

»Abner stieß heimtückisch mit dem Spieß nach hinten!« beharrte trotzig Joab.

»So siehst du es an!« wies Ben Isai ihn zurecht. »Wir andern aber meinen, daß es sich um einen Unglücksfall handelte, den Abner am allerwenigsten wollte, war ihm doch, wie sich immer deutlicher zeigt, an einem friedlichen Ausgleich mit uns gelegen.«

»Friedlichen Ausgleich!« höhnte Joab, wurde aber von David unterbrochen, der jetzt mit eisiger Stimme befahl: »Wir brauchen Abner um der Einheit Israels willen.« »Die erzwingen wir auch ohne ihn!« »Doch dann nur unter Blutvergießen!«

Joab stand noch immer mit geballten Fäusten. »Ich sehe«, stieß er endlich tiefatmend heraus, »du willst in die Falle gehen, die Abner dir heimtückisch stellt.« Erstaunt sah er auf: Ein Lachen kam aus Davids Brust? »Und wenn's eine Falle wäre, die Abner mir stellen will«, ganz ruhig war Davids Stimme, »so würde der Strick sich um seinen eigenen Hals legen! Oder hast du vergessen, daß Samuel mich salbte und Jahwes Segen über mir ist? Es wird geschehen, was der Herr will, nicht aber, was – vielleicht – Abner plant.« Ein Wink nun mit der Hand, so herrisch, wie Joab es noch nie empfunden hatte. »Du kannst gehen, Joab. Tu deine Pflicht, überlaß es aber mir, des Herrn Willen zu erfüllen!«

»So! Also regelrecht fortgejagt hat dich Ben Isai!« Abisai durchmaß mit großen Schritten das Zimmer, blieb jetzt hart vor dem Bruder stehen und stieß keuchend hervor: »Aber das Blut Asahels schreit gen Himmel! Auch David kann uns nicht unserer Pflicht entbinden; Asahel muß gerächt werden!«

Joab schien aus seinem Dahinbrüten erwacht, blickte sich suchend um, flüsterte nun: »Wenn ich Abner hier vor mir hätte! Auch der Sohn Isais sollte ihn nicht vor meinem

Schwert retten!« »Wenn ich Abner hier hätte!« höhnte Abisai. »Wenn! Er ist nun aber fort und in Sicherheit!«

»So?« Bewegung kam plötzlich in Joab, er sprang zur Tür, schrie hinaus: »Naharai! Naharai!« Abisai schüttelte den Kopf: »Was soll dir dein Knappe?« Unwillig winkte Joab ab, rief nochmals: »Naharai!« Schnelle Schritte ließen sich hören, dann kam Joabs Waffenträger durch die Vorhalle gestürmt: »Ja, Herr, hier bin ich!« Rasch kamen Joabs Worte, als er dem Knappen Weisung gab: »Sattle das schnellste Pferd, das wir haben, und jage Abner nach! Nimm keine Rücksicht auf das Tier! Du mußt Abner einholen, ehe er die Grenze Benjamins erreicht hat.«

»Und was soll ich ihm ausrichten?« Joab überlegte nur kurz, stieß dann hervor: »Der König bittet ihn, nochmals nach Hebron zu kommen. Es sei bei den Verhandlungen ein wichtiger Punkt übersehen worden, der noch geklärt werden müsse!« Er packte Naharai bei den Schultern und riß ihn herum: »Und nun eile! Reite, was dein Renner nur hergeben kann!«

Abisai war, als Naharais Schritte verhallt waren, herangetreten, fragte nun: »Ob er zurückkommen wird?« »Er wird!« blitzte Joab ihn an. »Muß er doch meinen, David habe nach ihm verlangt!« Er warf sich den weiten Mantel über und winkte seinem Bruder zu: »Gehen wir, Abner unter dem Stadttor zu erwarten!« Wortlos hüllte sich auch Abisai in seinen Umhang, fühlte kurz nach dem Stoßschwert, schritt dann finsteren Gesichts Joab nach. –

»Sie kommen!« Abisai wies nach Norden, wo in der Ferne zwei Reiter eben sichtbar wurden. Noch waren sie zu weit weg, als daß man die Gesichter hätte erkennen können. Doch Joab nickte düster dem Bruder zu: »Der eine ist Naharai, der unsere Falbstute reitet. Also wird der andere wohl Abner sein.« »Ich wundere mich, daß er allein kommt, hatte in der Stille befürchtet, er brächte seine Begleiter mit.« »Auch ich hatte diese Sorge«, nickte Joab, »doch es ist so gekommen, wie ich es erhoffte: Naharai hat Abner alles so dringlich gemacht, daß er seine Begleiter, die nicht so gut beritten sind, zurückließ.« Er spähte ins Helle hinaus. »Ja, sie sind's, jetzt kannst du auch die Gesichter erkennen.« Er ergriff Abisais Mantelsaum: »Komm, treten wir hier zur Seite in die Nische, damit Abner uns erst wahrnimmt, wenn er unter dem Torbogen ist.«

Eben bogen die Reiter, deren Pferde jetzt in Schritt gefallen waren, unter das Tor, da trat Joab vor und hob die Hand. »Abner Ben Ner!« Dumpf und unheimlich klang seine Stimme unter der niedrigen Wölbung des Tores. »Tritt mit mir hier zur Seite, damit ich dir ohne Zeugen eröffnen kann, was der König noch von dir wünscht.« Einen Augenblick schien es, als wenn Abner zaudere. Wie, Joab war hier? War Joab nicht Asahels Bruder? Abner fühlte dunkel eine Warnung in seinem Herzen: Reiß dein Tier herum und jage davon! Doch ist Joab nicht Davids erster Feldhauptmann? Wie wollte er etwas tun, was Ben Isai nicht billigt? David gab dir freies Geleit! Und – bei Jahwe! – David Ben Isai steht zu seinem Wort! Nichts kann dir hier in Hebron geschehen!

Elastisch schwang sich Abner aus dem Sattel und trat dorthin, wo im Halbdunkel der Nische Joabs weißer Mantel aus dem Dämmer schimmerte. Joabs linke Hand war da, legte sich auf seine Schulter und zog ihn näher. »Tritt her zu mir, Abner Ben Ner, daß ich ins Ohr dir raune, was Ben Isai als geheime Botschaft –« Ein wilder Schmerz fuhr jäh durch Abners Leib! Dumpf stöhnte er auf, krümmte sich zusammen, stürzte in den Staub, hörte noch wie aus weiter Ferne ein grelles Lachen: »Stirb, Hund, und fahre Asahel nach!« Dann war's still, totenstill.

Fassungslos starrte David Abjathar an. »Was hast du gesagt?« Ein wilder Aufschrei war's! »Joab erstach Abner? Hier in Hebron, unter dem Stadttor?« Düster nickte der Priester: »Benaja kam soeben hergestürmt und meldete es.« Er sah, wie die Hände Ben Isais sich verkrampften, dachte:

Weitersprechen mußt du jetzt, ihm über das erste Entsetzen hinweghelfen! Hastig stürmten Abjathars Worte dahin: »Joab hat seinen Waffenträger Naharai hinter Abner hergejagt. Bei Bor-Hassira holte er die Truppe Abners ein, richtete dem Sohne Ners aus, er möge nochmals nach Hebron kommen, da du noch etwas mit ihm zu besprechen habest. Abner folgte arglos, da er wähnte, du seist es, der den Boten sandte. Unter dem Tor dann hat Joab ihn gestellt und ihm das Schwert in den Leib gestoßen.« Halblaut, als suche er nach einer Entschuldigung, fügte Abjathar hinzu: »Joab wollte Asahel rächen.«

Ein verzweifeltes Lachen kam aus Davids Brust: »Die Blutrache vollstrecken! Nein, Abjathar, nein! Gefürchtet hat er, Abner könne zu groß werden, wenn ganz Israel –« David hatte aufflammend vor Zorn den großen Wasserkrug, der da hart neben der Tür stand, ergriffen und gegen die Mauer geschmettert. »Ich bin unschuldig und mein Königtum!« Weit vorgestreckt hielt David die Arme. »Da, kein Blut klebt an meinen Händen, Jahwe Zebaoth!« Er zog die Hände zurück, ballte sie zu Fäusten. »Auf den Kopf Joabs falle das Blut Abners Ben Ner! Aussätzige und Lahme sollen sein im Hause Joabs, durchs Schwert sollen fallen seine Söhne und Hunger leiden seine Töchter!«

Es war, als erwache der Sohn Isais aus einem schweren Traum. Benaja war vorgetreten, fragte lauernd: »Befiehlst du, daß ich Joab –?«

Einen Augenblick starrte David den Führer der Leibgarde verständnislos an, dann schüttelte er stumm den Kopf. Er fühlte jäh eine bleischwere Müdigkeit, wankte zu der Steinbank am Brunnen, ließ sich niedersinken und stemmte den Kopf in die Hände: »Nein! Nein! Die Söhne der Seruja sind Männer der Gewalt. Doch der Herr wird dem, der Böses tut, die Bosheit schon vergelten!«

Als er seine Augen auf die Getreuen richtete, da war er wieder ganz der König, der Gesalbte, der weiß, daß ein Höherer ihn trägt!

»Ein Fürst und Großer ist heute in Israel gefallen!« Fest und klar war die Stimme Davids. »Als Fürst soll Abner auch zu Grabe getragen werden. Zerreißt eure Kleider, legt Trauergewänder an und stimmt die Totenklage um Abner an! Ich aber, David Ben Isai, den der Herr zum König erwählt hat, will fasten diesen Tag – um der Seele Abners willen!«

Ein Mord und seine Sühne

Wie ein Feuerball loderte die Sonne vom stahlblauen Himmel. Die Hitze zitterte in dem weiten viereckigen Hof, um den die einfachen, weißgetünchten Unterkunftsräume der Kriegsknechte lagen. Es war, als wenn selbst die Söldner Eschbaals vor den feurigen Pfeilen der Sonne die Flucht ergriffen hätten. Jedenfalls lag der sonnendurchglühte Platz wie ausgestorben. Nur dort im Schatten, den die dunkle Torwölbung spendete, lehnten träge ein paar Posten. Der eine hob müde den Kopf: War da nicht drüben ein Geräusch gewesen? Ah, zwei der Anführer kamen aus dem Hauptmannshaus, Baana und Rechab, die Söhne Rimmons!

Sie sahen kaum her, so sehr waren sie ins Gespräch vertieft. Aber wie scharf auch der Posten hinhören mochte, er verstand kein Wort. Zu leise sprachen die beiden.

»Hochmütige Gesellen!« stieß der Söldner hervor, als die beiden draußen auf der Gasse waren und ihn nicht mehr hören konnten. »Bloß gut, daß es hier bei Eschbaals Truppe, seit Abner tot ist, recht ruhig zugeht!« Er sah den beiden Vorgesetzten nach, die eben unten um die Ecke der Gasse in einen schmalen Nebenpfad bogen. »Möchte nur wissen, was sie in dieser Sonnenglut draußen herumlaufen?«

Diese beiden hatten die schmale Gasse durchschritten und waren auf einen kleinen freien Platz eingebogen, in dessen Mitte sich hart neben dem steingefaßten Brunnen eine staubgraue Terebinthe erhob und Schatten spendete.

»Setzen wir uns!« forderte Rechab seien Bruder auf und wies einladend auf die Steinbrüstung. Er machte es sich bequem und legte die Hand auf die mächtigen Quadern. »Angenehm kühl ist es hier im Schatten.« Baana hatte sich dicht neben der Brunnenröhre niedergelassen, aus der das Wasser in einem spärlichen Strahl in das Becken fiel. Er streckte den Arm vor und ließ sich das Naß über den Handrücken laufen. »Außerdem«, zwinkerte er mit den Augen, »können wir hier unser Gespräch fortsetzen, ohne, wie dort in der Unterkunft, unliebsame Lauscher befürchten zu müssen.« Er sah seinen Bruder von der Seite an. »Wenn ich dich recht verstand, teilst du also meinen Standpunkt?«

»Selbstverständlich!« nickte Rechab eifrig. »Seit Abner tot ist, geht es hier auch nicht einen Schritt mehr voran!« Der andere lachte leise: »Als wenn es nicht vorher schon seit Jahren mit Eschbaal rückwärts gegangen wäre!« Rechab schlug ärgerlich nach einer Fliege, die beharrlich seinen Kopf umkreiste, stieß dann hervor: »Darin kann ich dir freilich nicht widersprechen. Und doch: Solange Abner Heerführer war, gab es für uns Arbeit! Wenn uns auch drüben, wo Davids Knechte umherstreiften, die Trauben zu hoch hingen, so haben wir doch oft genug reiche Beute eingeheimst, wenn wir mit Abner auszogen, um die Aramäer oder die plündernden Rotten der Ammoniter zurückzuschlagen. Jetzt dagegen?« Er hieb mit der flachen Hand auf die Steinbrüstung, daß es klatschte. »Aus ist es mit den frischfröhlichen Streifzügen, die Beuteanteile einbrachten. Seit Wochen sind wir kaum noch aus den Mauern Mahanaims herausgekommen. Fast sieht es so aus, als seien wir nur noch dazu da, das kostbare Leben Eschbaals zu bewachen!«

»Das scheint mir tatsächlich auch notwendig zu sein!« fiel mit einem häßlichen Grinsen Baana ein.

»Er war schon immer ein Hasenherz!« Rechab schlug verächtlich mit der Hand durch die Luft. »Und seit Abner tot ist, zittert Eschbaal vor dem Schatten, den ein Kind wirft.

Da nun aber ängstliche Leute eine besonders feine Witterung für Gefahren zu haben pflegen, ist es kein Wunder, daß er, auch ohne sich unter das Volk zu begeben, spürt, wie die Herzen sich dem Sohne Isais zugewandt haben.«

»Schlau genug hat David es ja auch anzufangen gewußt, die Leute für sich zu gewinnen!« Baana zog die Augenbrauen hoch. »Alle Achtung vor diesem Fuchs, der es verstand, aus einem widrigen Zwischenfall noch einen Erfolg zu machen! Ich kann es mir gut vorstellen, wie der Sohn Isais getobt haben mag, als Joab Abner erstach. Mußten nicht alle Kinder Israel meinen, dieser heimtückische Anschlag sei auf Davids Anstiften erfolgt? Er, er hatte Abner doch freies Geleit zugesichert. Und nun war der König Judas wortbrüchig geworden! Aber was tat David? Er ließ Abner ein großartiges Begräbnis zuteil werden! Wie einen Fürsten trugen sie den Sohn Ners zu Grabe. David aber schritt klagend und in Sack und Asche hinter der Bahre her, nannte feierlich Abner einen Großen und sang ihm ein Heldenlied: ›Mußte Abner sterben, wie ein Gottloser stirbt? Deine Hände waren nicht gebunden und deine Füße nicht in Ketten gelegt. Nein, du bist gefallen, wie man vor Verbrechern fällt!‹ Durch ganz Benjamin raunten sie's von Mund zu Mund: ›David hat Abner noch im Tode geehrt! David hat Herz und hohen Mut! War er nicht Abners Freund, wie er einst schon Jonathans Blutsbruder gewesen?‹ Wahrhaftig, dieser David versteht es, einen Blitz, der schon niederkracht, noch im letzten Augenblick in ein fremdes Haus fahren zu lassen!«

»Und das war diesmal das Haus Eschbaals!« lächelte hämisch Rechab. »Aber was nützt uns schon diese weise Erkenntnis?« »Gar nichts, wenn wir nicht die nötigen Folgerungen daraus ziehen!« stieß sein Bruder heftig hervor. »Und die wären?« fragte lauernd Rechab. Baana blies ärgerlich die Luft durch die Nase: »Muß ich es dir erst sagen? Nun, wenn du es durchaus von mir hören willst: Wir sitzen auf dem falschen Pferd! Also satteln wir um!«

»Ganz recht, Bruderherz! Doch«, Rechab wiegte den Kopf, »wie stellst du dir das eigentlich vor? Meinst du, David wird uns vor Freude um den Hals fallen, wenn wir zu ihm kommen und melden: ›Bisher waren wir Hauptleute bei Eschbaal und haben dir wacker zu schaffen gemacht. Jetzt aber, wo mit dem Sohne Sauls nichts mehr los ist, kommen wir zu dir, um dir unsere wertvollen Dienste anzubieten!‹ Denkst du etwa, er wird uns glückstrahlend die Hände schütteln? Bildest du dir ein, Joab, Abisai und die andern werden uns sogleich als ihresgleichen begrüßen und in die Schar der Recken Davids aufnehmen?«

Baana schlug ärgerlich in den Wasserstrahl des Brunnenrohrs: »Ganz von unten werden wir wieder anfangen müssen! Wenn er uns überhaupt in sein Heer aufnimmt!«

»Wir dürfen nicht mit leeren Händen kommen!« meinte Rechab vorsichtig. Baana lachte lauthals los, brachte dann in unterdrücktem Ton hervor: »Du meinst wohl, wir sollten Eschbaals Kronschatz stehlen und dem Sohne Isais feierlich überbringen?« »Diese Gabe«, erwiderte Rechab mit verächtlich gekräuselten Lippen, »möchte wohl zu dürftig sein! Doch – wie wär's mit ihm selber?«

Baana starrte seinen Bruder verständnislos an. Plötzlich wurden seine Augen ganz schmal, er setzte zum Sprechen an, verschluckte sich, keuchte endlich: »Du meinst, wir sollten«, der Name wollte ihm nicht über die Lippen, »wir sollten – ihn ausheben und gefangen vor David schleppen?« Er kniff den Mund zusammen, zischte: »Kein schlechter Gedanke! Dürfte nur etwas schwierig sein, ihn quer durch Gilead und Benjamin bis nach Hebron zu bringen. Schließlich ist ein erwachsener Mann, zumal wenn ihn jeder kennt, nicht so einfach unsichtbar zu machen.«

»Es brauchte ja nicht der ganze – Er zu sein?« lauerte Rechab aus den Augenwinkeln. »Es genügte ja«, er beugte sich vor, flüsterte nun dem Bruder ins Ohr, »es genügte ja – sein Kopf!«

War die Hitze noch drückender geworden? Es mußte

wohl sein, denn auf den Stirnen der beiden Männer standen die Schweißperlen, obwohl es doch dort im Schatten am Brunnen kühler war als draußen, wo die Sonne niederbrannte. Es war jetzt so still, daß sie sogar das leise Echo des rieselnden Wassers hörten, das die Hauswand dort drüben zurückwarf. Es schien, als scheuten sie sich, das lastende Schweigen mit lauten Worten zu brechen. Ganz dicht waren sie jetzt aneinandergerückt, flüsterten, ohne die Lippen zu bewegen.

»Es ist zu gewagt für uns allein!« gab Baana zu bedenken.

»Nicht, wenn wir es geschickt anfangen!« raunte Rechab. »Jetzt wäre die Gelegenheit!« Er sah, wie Baana verwundert den Kopf neigte, und flüsterte erregt: »Die Wachen träumen bei dieser Hitze. Sie werden kaum den Kopf wenden, wenn wir vorbeigehen. Wir müssen nur unsere Gesichtstücher vorziehen, als wenn wir uns gegen die brennende Sonne schützen wollten. Sie erkennen uns dann nicht, werden meinen, wir gehörten zu den Leuten, die da gekommen sind, das Korn für den Fünften abwiegen zu lassen.«

»Ah, und seinen Kopf tragen wir dann in einem Kornsack hinaus!« pfiff Baana durch die Zähne. Er erhob sich mit einem Ruck. »Gut, versuchen wir's! Gehen wir hin, zu sehen, wie es dort im Hause steht. Hält man uns an, so sagen wir, wir hätten das uns im Sold zustehende Korn holen wollen, da wir sahen, daß Bauern gerade ihren Fünften lieferten. Beachtet man uns nicht, so –«

»Schon gut!« winkte Rechab ab. »Kein Wort mehr! Jetzt gilt es nicht mehr zur reden, sondern zu handeln!« –

Sie hatten, als sie auf die vor dem Hoftor haltenden Esel zuschlenderten, den oberen Saum ihrer weiten weißen Mäntel über die untere Gesichtshälfte emporgezogen. Keiner von den Männern, die dort abluden, hatte einen Blick für die beiden Müßiggänger, die da seitwärts im Schatten haltmachten. Doch dann, als gerade keiner der Bauern mehr draußen war, kam plötzlich Leben in die beiden stummen Zuschauer. Nur kurz nickten sie sich zu, und schon waren sie bei den Eseln, luden sich je einen der schweren Säcke auf die Schultern und schritten in jenem schleppenden Gang, wie er Männern, die den Acker bestellen, eigen ist, durch das dunkel gähnende Tor. Da links saß die Türhüterin, nur aus den Augenwinkeln nahmen sie wahr, daß sie über dem Verlesen von Weizen sanft eingenickt war. Dort rechts lehnten zwei Bewaffnete und blinzelten träge in den Sonnenglast, drei andere hockten gar im Schatten der Torwölbung, blickten nicht einmal auf, als die zwei Sackträger dicht an ihnen vorbeigingen. Da vorn verschwanden eben die letzten Bauern in der Tür, die zu den Vorratsräumen führte. Baana und Rechab gingen ihnen nach, als gehörten sie zu ihnen.

Doch kaum hatten sie die Tür hinter sich und waren dem Blick der Wachen entzogen, so warfen sie die Säcke beiseite! »Hier links entlang!« zischte Rechab und zog den Bruder am Mantelsaum mit sich. Ein Vorhang war da, dann ein angenehm kühler Raum, nun kam die Halle. Einen Augenblick zögerten sie, lauschten mit verhaltenem Atem. Kam es nicht wie ein Schnarchen von da hinten? Geduckt lief Baana auf den nur nachlässig zugezogenen Vorhang zu, spähte in das dunkle Gemach dahinter, winkte nun seinem Bruder. Und jetzt glitten sie leise und vorsichtig durch den Spalt, den der bunt gewirkte Vorhang frei ließ.

War da nicht ein erstickter Aufschrei? Ein Gurgeln und Röcheln nun? Nein, ganz still war es, so still, daß man draußen im Hof die Sandalen der Bauern auf dem Pflaster klappern hörte. Sie waren jetzt wohl fertig, gingen wieder hinaus. Hochmütig blickte der Scharführer der Wache über die von jahrelanger Feldarbeit gebeugten Gestalten der Kleinbauern hin, die da, die zusammengeknäulten Säcke über den Schultern, wortlos über den Hof kamen. Nur die beiden letzten dort schritten etwas elastischer aus, mochten wohl noch jünger sein, man konnte die Gesichter hinter den hochgeschlagenen Tüchern ja nicht erkennen. Nur die Augen funkelten, als die Männer jetzt unter die Torausfahrt bogen. Ah, die Augen! dachte der Posten. Habe ich nicht diese Augen schon gesehen? Irgendwie kamen sie mir doch bekannt vor? –

Nachdenklich blickte der Söldner den beiden nach, die da hinter den andern, die die Esel vor sich hertrieben, gemächlich herschritten, nun dort unten um die Ecke bogen. Wie sorglich der eine die zusammengeknüllten leeren Säkke an sich drückte! Die taten ja, als wäre selbst dieser Plunder noch Goldes wert! –

David Ben Isai nahm mit gesenktem Kopf seine Wanderung wieder auf, zehn Schritte hin, zehn zurück, immer hart an der niedrigen Einfassung des Hofbrunnens vorbei. Unwillkürlich mußte Husai lächeln: Ja, so war er, der Sohn Isais! Unmöglich war es ihm, drinnen im Hause, etwa auf einem Ruhebett, seine Gedanken zu klären. Das mochten andere tun, die in Palästen aufgewachsen waren; er aber, der viele Jahre die Weite der Wüste um sich gesehen hatte, wollte auch nun, da er in Hebron als König Judas residierte, wenigstens den freien Himmel über sich haben, wenn es galt, in wichtigen Fragen eine Entscheidung zu treffen. Jetzt schien er zu einem Ergebnis gekommen zu sein! Mit einem Ruck war David stehengeblieben und sah Husai an: »Du meinst also auch, daß es an der Zeit ist, Jebus[17] zu nehmen?« Er wartete die Antwort nicht ab, begann seine Wanderung wieder, sprach aber dabei weiter. »Deine Späher haben ausgezeichnete Arbeit geleistet! Wir wissen jetzt, wie

[17] *Jebus* ist die Keimzelle des späteren Jerusalem. Es heißt seit seiner Einnahme durch Davids Krieger »Stadt Davids«. Jebus lag auf einem schmalen Höhenrücken, dem »Ophel«, der sich südlich des heutigen Tempelgebietes zwischen Kidron und dem Tal der Käsemacher erhob. Ursprünglich trennte eine Schlucht diese Höhe vom Tempelberg. Diese Schlucht wurde wohl unter Salomo, der die Stadt nach Norden hin erweiterte, zugeschüttet. Der Name Millo, was Anschüttung heißt, deutet noch darauf hin. Dieses alte Jebus ist heute zum größten Teil unbebaute Fläche.

wir vorzugehen haben, um die Stadt ohne Blutvergießen zu gewinnen.« Er blieb unvermittelt vor Husai stehen und fragte: »Joab und unsere sechshundert Mann haben die vorgesehene Lauerstellung unbehindert einnehmen können?«

Husai lachte nur. »Die Jebusiter werden sich hüten, unseren kampferprobten Kriegern im freien Feld entgegenzutreten! Sie meinen zudem, sie hätten das auch gar nicht nötig. Zu steil sind die Felsen, auf denen Salem liegt, zu hoch die Mauern, die droben auf schroffer Felskante emporragen.«

David schüttelte den Kopf. »Ich will mich erst selber davon überzeugen, ob wir auf dem Wege, den deine Kundschafter ausfindig gemacht haben, werden vordringen können. Morgen reiten wir zum Heer. Einige Tage oder Nächte werde ich brauchen, um mir einen Überblick zu verschaffen, dann aber –« Er sah, daß Jasobeam unter die Tür getreten war, unterbrach sich daher und fragte: »Was gibt's?«

»Zwei Hauptleute aus dem Heer Eschbaals wünschen dich zu sprechen.« »Ihre Namen?« »Baana und Rechab, sie sind Brüder, Söhne Rimmons, des Beerothiters.« »Beerothiter?« David zog die Brauen zusammen. »Würde mich nicht wundern, wenn die beiden die Absicht haben, zu uns überzulaufen. Seitdem die Beerothiter ihre Heimat verloren haben, pflegen sie ja Dienst zu nehmen, wo man sie jeweils gerade am besten bezahlt.« Er wandte sich an Jasobeam: »Ist nicht auch Naharai, Joabs Waffenträger, ein Beerothiter?« Er sah den Hauptmann nicken und fuhr fort: »Nun, wollen hören, was die beiden Söhne Rimmons vorzubringen haben. Einen Augenblick noch!« Er winkte Jasobeam, der forteilen wollte. »Wer von unseren verschwiegenen und zuverlässigen Jungen ist im Hause?« »Die Söhne Dodos!« gab Jasobeam zurück. »Gut, auf sie ist Verlaß! Bringe also Elhanan und Eleasar mit herein, damit Zeugen zugegen sind!«

»Du wirst richtig vermuten«, meinte Husai, als der Vorhang sich hinter Jasobeam geschlossen hatte. »Daß sie mit Wissen Eschbaals kommen oder gar eine Botschaft von ihm bringen, glaube ich nicht. Doch –« Er winkte mit der Hand ab, da Jasobeam den Teppich, der die Tür verschloß, zurückschlug und zur Seite tretend die Fremden einließ. Gleich hinter diesen erschienen die Söhne Dodos, um auf ein Zeichen Davids hin rechts und links Aufstellung zu nehmen, während Jasobeam hart neben dem Eingang Posten bezog.

Mit einem raschen Blick überflog David die beiden staubbedeckten Männer, die da jetzt vor ihm standen. Man sah ihnen an, daß sie einen weiten und wohl auch anstrengenden Ritt hinter sich hatten. Doch wozu – Davids Augenbrauen zogen sich zusammen – schleppten sie da den Sack mit?

»Ihr habt unter Abner gedient?« Die Frage Davids kam knapp und gemessen. Was ist das? dachte der Sohn Isais. Kaum habe ich den Namen Abners genannt, vermeine ich, Leichengeruch zu spüren? Ist es die Erinnerung an Joabs Verbrechen dort unter dem Stadttor, die mir, wenn ich Abners gedenke, den Hauch der Verwesung vortäuscht?

»Jawohl, Ben Isai!« meldete in straffer Haltung Baana. »Wir dienten unter Abner. Doch seit er tot ist, gibt es dort in Mahanaim für tatkräftige Männer, wie wir es sind, nichts mehr zu tun. Wir haben uns darum entschlossen, fortan unter dir zu dienen! Wir bieten dir unsere kräftigen Arme an und –«, er gab seinem Bruder einen Wink, »die Krone Israels!« Rechab hatte auf Baanas Wink in den Sack gegriffen und etwas Großes, Schweres hervorgezogen. Den leeren Beutel fallen lassend, trat er jetzt einen Schritt vor und hielt mit ausgestreckten Händen David ein blutverschmiertes, aufgedunsenes Haupt entgegen!

»Eschbaal!« keuchte Husai. »Eschbaal!« flüsterte tonlos Ben Isai. »Ja, Eschbaal!« schnellte Rechabs Stimme vor, frech, laut, triumphierend. »Wir schlichen uns in sein Haus, rannten ihm, der im Schlaf lag, das Schwert durch den Leib und schnitten den Kopf ihm ab! Da! Da ist es, das Haupt Eschbaals, deines Feindes, der nach deiner Seele stand!«

Davids Augen waren schmal geworden. Unhörbar fast

kamen seine Worte, klangen aber scharf wie geschliffener Stahl: »So wahr der Herr lebt, ich griff den, der mir damals zu Ziklag verkündete: Saul ist tot! Und ihr gottlosen Leute habt einen unbescholtenen Mann in seinem eigenen Hause auf seinem Lager gemeuchelt? Ja, sollte ich sein Blut nicht fordern von euren Händen?«

Fassungslos standen die Beerothiter. »Ja, aber –« stotterte Baana, ruderte mit den Händen in der Luft, wie wenn er mit Gebärden erklären könne, wozu ihm die Worte fehlten. Verstand ihn denn der da nicht? Was sah er jetzt zu den beiden hin, die –? Aufblitzte das Schwert Eleasars, fuhr sausend herab und zischte klatschend auf Rechabs Handgelenke nieder, der noch immer wie erstarrt dastand und das Haupt Eschbaals dem Sohne Isais entgegenhielt. Mit einem dumpfen Laut dröhnte der Schädel, in dessen Haaren zwei verkrampfte Hände krallten, auf die Fliesen. Aus weit aufgerissenen Augen starrte Rechab auf die Armstümpfe, aus denen das Blut schoß, brüllte auf und wollte – da traf ihn Eleasars Schwert in den Schlaf, spaltete ihm den Kopf bis auf die Schultern! Baana schrie gellend auf, sprang vor, wollte Eleasar an den Hals springen! Und rannte in das Schwert Elhanans! Er gierte mit den Armen in der Luft, taumelte und stürzte quer über Rechab hin.

Still war es plötzlich, so still, daß man deutlich das Summen der Schmeißfliegen vernahm, die Eschbaals Haupt umschwirrten. Hochaufgerichtet stand Ben Isai, nickte jetzt den Söhnen Dodos zu und sagte leise: »Recht so! Wer das Schwert zum Morde braucht, der soll auch durch das Schwert umkommen!« Er stieß Rechabs Leichnam mit dem Fuß an. »Die Hände, die einen Ahnungslosen auf seinem Lager meuchelten, liegen im Staub!« Seine Augen gingen zu den Söhnen Dodos hinüber. »Laßt die Elenden fortschaffen, ihnen die Füße und Hände abhauen und die Leichen am Teiche Hebrons aufhängen, damit jedermann weiß, wie David Ben Isai Mörder belohnt!« Sein Blick war auf das Haupt Eschbaals gefallen, auf dem das Geschmeiß sich schon sammelte. »Den Kopf Eschbaals gebt in Abners Grab, damit sein Geist Ruhe finde.« Er straffte sich in den Schultern, sah Husai, Jasobeam und die Söhne Dodos mit festen Augen an: »Dann aber macht euch fertig! Morgen reiten wir gegen Jebus!«

Ein kühner Handstreich

»Wir haben den rechten Standort, Husai. Von hier aus können wir Jebus gut beobachten, ohne selbst gesehen zu werden.« David wandte den Kopf zurück zum Kamm des Ölbergs. Die Sonne mochte jetzt schon ein paar Randbreit über dem Moabitergebirge stehen, doch der Westhang des Ölbergs lag noch in tiefem Schatten. David nickte Husai zu. »Wir haben die Morgensonne im Rücken und können von drüben kaum bemerkt werden.«

Lange lagen sie schweigend zwischen den Felsen und sahen zu, wie drüben auf der anderen Seite des Kidrontals der Schatten, den der Ölberg warf, tiefer und tiefer sank. Terrasse um Terrasse der Stadt rückte ins volle Tageslicht.

»Jetzt könnt ihr gleich die Mauer erkennen, die sich hier an der Ostseite Ophels auf halber Höhe hinzieht.« Husai zeigte hinüber. »Unmöglich, Jebus im Sturm zu nehmen.« Joab nickte finster. »Fast senkrecht steigt der Berghang empor. Auf etwa halber Höhe dann die Mauer, über ihr, in Terrassen angelegt, die sich übereinander türmenden Häuser.« Er drehte sich Husai zu. »Und wie sieht es drüben auf der Westseite aus?«

»Ähnlich«, erwiderte der Arkiter, »nur daß sich dort die Mauer oben auf der Höhe des Berghanges hinzieht.« Er wies nach links. »Dort unten, wo das Stadttal sich mit dem Kidrontal vereint, fällt die Felsnase ebenfalls sehr steil ab, und nach Norden zu – das kann man von hier aus ja gut erkennen – ist die Stadt von dem Berge Zion durch eine tief eingeschnittene Schlucht getrennt.«

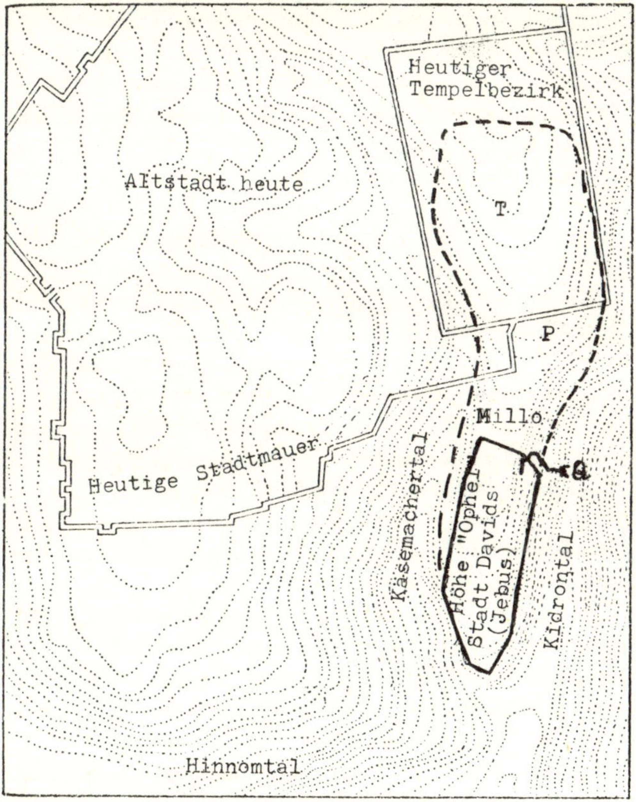

———	Jebus, die Stadt Davids, auf der Höhe Ophel
-----	Mauerverlauf der unter Salomo erweiterten Stadt
T	Lage des Tempels
P	Lage des Palastes (hypothetisch)
Q	Quelle Gihon mit dem unterirdischen Gang
Millo	Die unter Salomo aufgeschüttete Schlucht zwischen Tempelberg und Ophel

David sah Husai von der Seite an: »In der Tat also uneinnehmbar, dieses Jebus.« Er blinzelte dem Arkiter zu. »Doch du selbst hast mir geraten, Jebus einzunehmen.«

Husai sah ihm in die Augen: »Du weißt, Ben Isai, was mich bewegt. Ich will Frieden schaffen zwischen uns Kanaanitern und euch Kindern Israels.[18] Und ich bin überzeugt, daß du der Mann bist, den die Gottheit für diese Aufgabe erwählt hat. Du wirst meinen Brüdern eine guten Frieden gewähren, und das Land wird Ruhe finden.«

David schüttelte den Kopf. »Das alles hast du mir schon oft erklärt. Und ich habe dir zugesagt, daß ich mit den Kindern Kanaans Freundschaft halten will.« Er nickte zur Stadt hinüber. »Doch ich sehe nicht, wie ich Jebus auf friedliche Weise einnehmen kann. Für einen Handstreich, der so rasch erfolgt, daß es gar nicht erst zum Blutvergießen kommt, sind diese Felsen zu steil. Nur durch Hunger wäre Jebus zu bezwingen. Doch das erforderte eine lange Belagerung. Es gäbe Tote, und Hunger ist nicht geeignet, die Besiegten zu Freunden zu machen.«

Joab meinte ärgerlich: »Wenn man ihnen den Zugang zur Gihonquelle verwehren könnte! Dann hielten sie nur wenige Tage aus. Der Durst zwänge sie, sich uns zu ergeben.«

Über Husais Gesicht flog ein Lächeln. »Selbst wenn du ihnen den Zugang zur Gihonquelle verwehrtest, Joab, sie litten darum doch keinen Durst in der Stadt.«

Joab fuhr herum: »Das verstehe ich nicht.«

David jedoch legte den Kopf zur Seite und sah Husai prüfend an: »Du meinst, Jebus hat auch noch einen unterirdischen Zugang zur Quellgrotte?«

[18] Das politische Ziel, das ich hier Husai in den Mund lege, ist ganz offensichtlich schon von David angestrebt worden. Ganz deutlich verfolgen Salomo und die Könige des Nordreichs Jerobeam und Ahab diesen Plan. Diese dann auch tatsächlich erreichte Verschmelzung mit den künstlerisch, kulturell und handwerklich überlegenen Kanaanitern führte zu Wohlstand, brachte aber auch die Versuchung zum Götzendienst mit sich.

»Erraten!« nickte Husai. »Schon vor langen Zeiten haben die Jebusiter sich Gedanken gemacht, wie sie sich den Zugang zur Quelle erhalten könnten, auch wenn einmal ein starker Feind sie belagern und ihnen mit seiner Übermacht den offenen Zugang zur Quelle sperren sollte. Schon vor mehr als hundert Jahren versuchten sie deshalb, oben von der Stadt aus einen Stollen zur Quelle hinunter zu bohren. Doch sie mußten das Werk aufgeben, als sie auf eine Schicht besonders harten Felsens stießen.«

»Ich verstehe«, nickte Joab. »Damals gab es nur Werkzeuge aus Bronze. Aber später dann, als auch die Jebusiter – wahrscheinlich über die Philister – zu Eisen kamen –«

»Gut gefolgert!« lachte der Arkiter. »Als die Jebusiter über eiserne Werkzeuge verfügten, da unternahmen sie den Versuch erneut. Vorsichtshalber umgingen sie beim Niederbringen des Schachtes jene besonders feste Felsmasse und führten den Schacht in einem Bogen in die Tiefe. Als sie die Ebene der Quelle erreicht hatten, schlugen sie vom Fuß des Schachtes aus einen Stollengang, der bis in die Quellgrotte führt.«

Joab blickte sinnend ins Tal hinunter. »Pfiffig gemacht von den Jebusitern!« Er zeigte auf eine Gruppe Frauen, die eben – hohe Wasserkrüge auf den Köpfen – aus dem Stadttor traten und zur Quelle hinunterstiegen. »Da tun sie, als gebe es für sie nur diesen Zugang zum Wasser. Doch für den Notfall können sie über jenen unterirdischen Stollen die Quelle erreichen.« Er stutzte, schlug sich mit der Hand vor die Stirn. »Das bedeutet doch aber«, er fuhr mit einem Ruck zu Husai herum, »daß es auch möglich sein müßte, hier von der Quellgrotte aus ins Innere des Berges vorzudringen und dann in dem Schacht in die Stadt hinaufzusteigen!«

Husai sah Joab voll an. »Du hast es begriffen, Joab. Diese Quellgrotte dort unten ist für uns der geheime Zugang nach Jebus.« Joab lachte lautlos. »Wie leicht man sich doch täuschen läßt. Wenn man da sieht, wie die Frauen aus der Stadt herniedersteigen, um aus dem Quellteich Wasser zu schöpfen, kommt einem gar nicht der Gedanke, es könne auch noch einen verborgenen Zugang zur Quelle geben.«[19]

Die Sonne hinter ihrem Rücken war jetzt über die Höhe des Berges gestiegen, übergoß sie nun mit ihrem grellen Licht. Ein Alarmruf drüben auf der Mauerzinne!

Joab lachte grimmig: »Jetzt haben sie uns entdeckt, hat lange gedauert.«

David zeigte zum Talgrund hinunter: Die Frauen hatten, kaum daß der Wächterruf erklang, ihre Krüge fallen gelas-

[19] Bereits im Jahre 1867 entdeckte der Engländer Charles Warren den später »Jebusiterschacht« genannten Zugang.

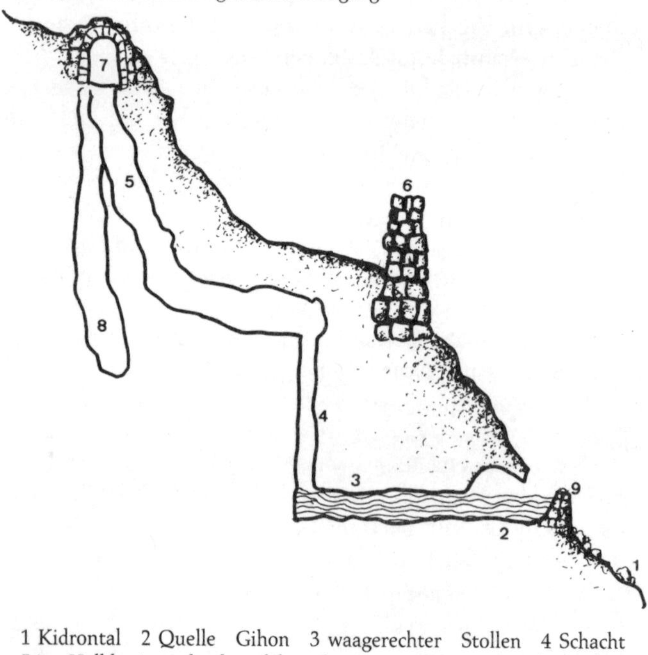

1 Kidrontal 2 Quelle Gihon 3 waagerechter Stollen 4 Schacht 5 im Halbkreis nach oben führender Gang 6 Mauer des alten Jebus 7 Ausgang zur Stadt 8 Unvollendeter älterer Gang 9 Mauer des Quellteichs

sen und eilten, so rasch sie nur konnten, zum Stadttor zurück. Jetzt hatten die Frauen das Tor passiert, mit lautem Knarren schlossen sich die schweren Torflügel.

Bewaffnete erschienen auf der Mauer, schrien herüber: »He, ist das David da drüben? Der König von Juda?« Jetzt schwang sich einer auf die Mauerbrüstung. »Versuch es doch, Jebus zu stürmen! Die Blinden und die Lahmen werden euch zurückschlagen!« Er wies mit seinem Speer auf eine Gruppe Männer, die sich mit Stöcken die Treppe hinabtasteten, die zum Torturm führte.

Joab knirschte mit den Zähnen: »Sie stellen tatsächlich die Blinden ans Tor.«

Husai wies nach links: »Und dort kannst du die Lahmen erkennen.« Er sah, wie auf Davids Wangen die Muskeln spielten. »Laß dich durch den Hohn nicht verbittern, Sohn Isais! Die Blinden werden es nicht erahnen, die Lahmen werden es nicht sehen, und auch die Starken werden dich nicht hindern, wenn du mit deinen Helden in die Stadt dringst.«

David hatte die Hand schützend über die Augen gelegt, da die Sonne jetzt den Berg Ophel und die Stadt mit grellem Licht übergoß. »Mündet der Schacht, der von der Quelle hinauf in die Stadt führt, dort in dem Turm?«

Husai schüttelte den Kopf. »Nicht dort im Torturm, David, etwas höher am Hang hinauf, mehr nach Norden zu.«

David nagte an der Lippe. »Wenn ich dich recht verstanden habe, Husai, kann man dort unten von der Gihonquelle aus durch einen Stollen unter die Stadt gelangen.« Er unterbrach sich, da Husai die Hand erhoben hatte und widersprach:

»Ganz so einfach, Ben Isai, ist es nicht, in die Stadt einzudringen. Der Stollen ist bis an seine Decke vom Wasser erfüllt. Man müßte also –«

»Ich verstehe«, nickte David, »man müßte ihn mit angehaltenem Atem durchwaten, doch dazu ist es wohl –«

»– zu weit!« bestätigte Husai. »Nein, auf diese Weise schafft man es nicht. Man müßte –«

David wandte sich plötzlich um: »Den Wasserspiegel senken!« Er zeigte zum Quellteich hinunter. »Das Wasser rinnt aus dem Teich über eine Mauer ins Tal hinab. Man hat die Mauer errichtet, um den Spiegel des Quellteichs zu heben und auf diese Weise den Schacht zu verbergen?«

»Du hast es erraten«, lachte Husai.

Doch David dachte schon weiter: »Wenn man ein Stück aus der Mauer herausbricht, senkt sich der Wasserspiegel, und der Eingang des Stollens wird frei.«

Husai nickte bedächtig: »Genau so werden wir es machen. Dann können unsere Krieger – vielleicht noch bis an den Leib im Wasser – den Stollen passieren und an den Schacht gelangen.«

David sagte: »Führen in dem Schacht Stufen nach oben?«

Husai schüttelte den Kopf. »So leicht machen es uns die Jebusiter nicht.«

Husai hatte sein Messer gezogen und begann, eine Skizze auf den glatten Fels zu zeichnen. »Dies hier ist die Quellgrotte Gihon. An ihrer Rückwand, etwas mehr nach links zu, beginnt der Stollen. Er ist gerade weit genug, einen einzelnen Mann passieren zu lassen. Nach etwa vierzig Ellen erreicht man eine Stelle, an der er scharf nach rechts biegt. Dann hat man noch dreißig Ellen weit bis zu seinem Ende zu gehen.«

»Und gerade dort öffnet sich von oben her der Schacht?«

»Genau dort, aber er ist nur weit genug, in ihm Eimer an langer Leine hinabzulassen, um sie unten mit dem Wasser des Stollens zu füllen.«

»Man könnte sich also an der Leine hinaufhangeln?«

Husai zuckte die Schultern. »Die Leine wird nach Gebrauch stets oben auf die Rolle geholt.«

»Man könnte den Augenblick abpassen, wenn der Eimer herunterschwebt, sich dann hinaufziehen lassen –«

Husai wehrte lachend ab. »Wer den Eimer hochzieht,

spürt doch sofort, daß jetzt ein zu großes Gewicht an der Leine hängt, und wird sich hüten, sie aufzuholen.«

»Dann muß man sich eben selbst an der Leine hochziehen!«

Jetzt lachte Husai laut: »Und kurz bevor du oben bist, schneidet der da oben die Leine durch, du stürzt ab und brichst dir die Knochen!« Er schüttelte den Kopf. »Nein, Joab, so geht das nicht. Dieser schmale Schacht, der vom Stollen bis in einen Raum führt, in dem die Winde aufgebaut ist, hat eine Höhe von gut fünfzig Ellen.«

David ließ sich vernehmen: »Also muß man so aufsteigen, wie man es in einer Gebirgsklamm tut: Mit dem Rükken an die eine Seite, mit Händen und Füßen gegen die andere gestemmt.«

Husai nickte: »Und völlig geräuschlos! Befindet sich jemand oben am Schachtmund, so wäre es ihm leicht, mit ein paar hinabgeworfenen Steinen jeden, der da herauf will, in die Tiefe zu stürzen.«

»Wenn jemand dort oben sich aufhält!« David überlegte laut. »Man dürfte es also nur nachts versuchen. Am Tage wäre die Gefahr zu groß, daß einem beim Aufstieg der Eimer entgegen schwebt –«

»Und dann genügt tatsächlich ein Lahmer oder Blinder, um den heraufklimmenden Helden Judas ein schimpfliches Ende zu bereiten!«

Joab straffte sich in den Schultern. »Also müssen wir es nachts wagen, wenn niemand Wasser schöpfen kommt.« Er sah Husai fragend an: »Wäre nicht eine Leiter hilfreich?«

Doch der Arkiter schüttelte den Kopf. »Wie willst du sie um die scharfe Krümmung des Stollens bringen? Und wie gar vom Stollen her senkrecht nach oben in den engen Schacht schieben? Nein, das schlag dir aus dem Kopf. Mindestens der erste Mann wird sich im Schacht emporstemmen müssen. Ist er dann unbemerkt oben angelangt, kann er den Eimer mit dem Seil abrollen lassen. Die nach ihm haben es dann leichter, in dem Schacht hinaufzukommen.«

Joab schob sich die Sturmhaube in den Nacken. »Ein riskantes Unternehmen, zumindest für den ersten!« Er wandte sich Husai zu. »Du sprachst von einem Raum, in den der Schacht oben mündet?«

»Es ist ein enger Raum, der nur zwei oder drei Männern Platz bietet, um die Kurbeln der Winde zu betätigen. Von diesem Raum aus führt dann wieder ein Gang weiter, der – immer steiler ansteigend – in weitem Halbkreis hinauf zur Stadt führt.«

Joab überlegte: »In diesem Gang müßten sich also die Krieger sammeln, die durch den Schacht hinaufgeklettert sind, um dann die Stadt zu überrumpeln.«

David schüttelte den Kopf. »Du weißt, Joab, daß ich die Stadt ohne Blutvergießen gewinnen will. Du wirst also nicht in die Stadt dringen und das Schwert wüten lassen!«

»Sondern?«

»Es genügt, daß ihr euch dort, wo der Gang ans Licht führt, zeigt. Die Jebusiter wissen dann, daß wir ihren einzigen Zugang zum Wasser besetzt haben, und müssen sich ergeben.« Er betonte: »Kampflos ergeben!«

Doch Joab hatte noch Bedenken. »Sie werden sich mit Übermacht auf uns stürzen –«

Husai unterbrach ihn: »Mit Übermacht ist da nichts auszurichten, Joab. Der Gang ist so eng, daß sie immer nur mit wenigen Männern an euch kommen können. Und im Einzelkampf –«

Joab winkte ab: »Genügt, Husai! Wenn die Örtlichkeit so beschaffen ist, halte ich den Platz gegen hundertfache Übermacht.«

David sah Joab fest in die Augen. »Du weißt jetzt, was du zu tun hast, Sohn meiner Schwester. Ich gebe dir fünfzig Männer mit, die du dir selbst aussuchen magst.« Er streckte Joab die Hand hin: »Hier hast du mein Wort: Wer als erster den Schacht ersteigt und die Blinden und Lahmen überwältigt, der soll mein oberster Feldhauptmann sein!« –

Im Schutze der Nacht hatten sie eine Bresche in die Teichmauer gebrochen, eine harte Arbeit, da sie lautlos hatten werken müssen. Als das Wasser um zwei Ellen gefallen war, hatte Joab versucht, den Teich zu durchwaten, vergeblich. Abisai hatte alle Waffen abgelegt, war in die Grotte hineingeschwommen und hatte tauchend die Tiefe zu ergründen versucht.

»Ihr müßt das Wasser um weitere zwei Ellen absenken«, flüsterte er, als er am Beckenrand wieder auftauchte. »Dann werden wir mit allen Waffen den Stollen erreichen können.«

Also hatten sie noch zwei Steinreihen aus der Mauer gebrochen, um dem Wasser Abfluß zu schaffen. Dann war es so weit: Joab voran, verschwanden sie – Mann hinter Mann – in der nur noch halb mit Wasser gefüllten Quellgrotte.

Abisai, der gleich hinter Joab schritt, trug eine Fackel, in deren gespenstisch zuckendem Schein sie sich den engen Stollen entlangtasteten. Jetzt, nachdem der Quellteich zur Hälfte abgelassen war, reichte ihnen das Wasser nur bis zum Leib. Doch der Gang war so niedrig, daß sie sich mehr als einmal die Köpfe stießen an den Vorsprüngen, die aus der unregelmäßig behauenen Wand hervorragten.

»Achtung, jetzt kommt die Biegung nach rechts!« zischte Joab seinem Bruder Abisai zu. »Nur noch dreißig Ellen bis zum Schacht.«

Abisai flüsterte: »Laß nach hinten leise durchsagen: Keinen Laut mehr! Keinen Laut!« Und dann, bevor er sich um die Ecke wandte: »Und nun verdecke die Fackel mit deinem Schild, damit ihr Schein nicht in den Schacht fallen kann.«

Dann war der Stollen plötzlich zu Ende. Vorsichtig tastete Joab mit seinem Speer nach oben, stieß ins Leere. Hier also, hart über seinem Kopf, war der Schacht. Lauschend hatte Joab den Kopf geneigt. Vollkommene Stille: Nicht einmal der Atem Abisais war zu hören, kein Laut von den fünfzig Mannen, die hinter ihm im Stollen hielten. Nur hin und wieder ein leises Knistern der Fackel, vor die Abisai seinen

Schild hielt. Auch von oben aus dem Schacht war nichts zu hören. Wer sollte auch jetzt, um Mitternacht, zum Schacht hinabsteigen, um Wasser zu schöpfen?

Noch immer lauschte Joab zum Schacht hinauf. Fünfzig Ellen ging es da hinauf, hatte Husai gesagt. Fünfzig Ellen: ein langer, ein endlos weiter Weg, wenn man sich mühsam hinaufstemmt; den Rücken gegen die Wand, drüben Hände und Füße an den Fels gedrückt. Fünfzig Ellen in völligem Dunkel. Ohne Schild und ohne Spieß, nur den Dolch im Gürtel, das Schwert um den Hals gehängt. Fünfzig Ellen mit keuchendem Atem und fliegendem Puls. Und oben – da wartet vielleicht schon einer auf dich, hält schon den Stein in beiden Händen, mit dem er dir den Schädel zertrümmern wird –

Joab reißt sich aus seinen Gedanken, raunt Abisai zu: »Hier mein Spieß, mein Schild. Ich stemme mich jetzt hinauf, rolle dann das Seil ab, an dem du mir nachkletterst. Die andern folgen wie abgesprochen.«

Vorsichtig neigte Abisai ein wenig seinen Schild, so daß das Licht der Fackel für einen Augenblick die Schachtöffnung erfaßte. Eben verschwanden dort die Füße Joabs.

Abisai trat jetzt genau unter den Schacht und hielt seinen Schild vor die Öffnung. Hin und wieder prasselte ein kleiner Stein herab, den Joab im Hinaufklettern losgerissen hatte. Je höher Joab stieg, desto lauter klang der Aufschlag.

Jetzt wurde es still, nichts rieselte mehr den Schacht herab. Abisai zog den Schild weg, lauschte zum Schacht hinauf. Unwillkürlich atmete er auf. Joab hatte es geschafft, war oben auf keinen Gegner gestoßen. Und da – ein leises Klingen von Metall auf Stein, der Eimer kam herab.

Abisai zog den hinter ihm stehenden Krieger herbei. »Steig in den Eimer und halte das Seil straff! Der Aufstieg ist dann für mich leichter. Und dann folgt ihr mir, so rasch wie nur möglich. Doch vergeßt nicht: Sobald die ersten Zehn oben sind, werden die von ihnen hier unten gelassenen Spieße hinaufgezogen. Dann folgen wieder –«

»Weiß schon!« drängte der Krieger. »Doch nun beeile dich, Abisai!«

Es ging Zug um Zug, Mann um Mann. Als alle Krieger und alle Waffen oben waren, standen sie in der Reihenfolge, wie sie aufgestiegen waren, in dem Gang, der zur Stadt emporführte. Joab und Abisai hielten jetzt unmittelbar am Ausgang, der von einer Art Dach überdeckt war. Die Stadt über ihnen war ihrer Sicht verborgen, doch die unter ihnen liegenden Terrassen konnten sie gut überblicken, da inzwischen der Mond über den Ölberg gestiegen war.

»Sobald es hell wird, geben wir das verabredete Zeichen«, flüsterte Joab. Er fühlte Abisais harten Griff, hörte ihn raunen: »Still! Da kommen Männer!«

Aus dem Dunkel des Ganges heraus beobachteten sie, wie drei Gestalten die enge Gasse heraufstiegen.

»Der Vorderste scheint ein Priester zu sein«, raunte Joab.

»Und die hinter ihm tragen Krüge.«

Joab wandte sich zurück: »Uria!«

»Hier bin ich!«

»Wir müssen die drei Jebusiter lautlos überwältigen –«

»Aber ohne sie zu töten!« keuchte Abisai.

»Schon gut!« wehrte Joab ab. »Ich habe nicht vergessen, was Ben Isai gebot.« Und wieder zu Uria: »Du nimmst den Priester, Abisai den zweiten, ich den dritten. Lautlos! Der Griff zum Hals muß sitzen!«

Gleich waren die Jebusiter heran, gleich würden sie – doch nein, der erste, der, wie sein Gewand verriet, tatsächlich ein Priester war, verhielt vor dem Eingang den Schritt. »Zünde erst die Fackel an«, sagte er zu dem Diener, der als dritter heraufgestiegen war. Der zog einen glimmenden Feuerschwamm aus dem Tongefäß, das an seiner Seite hing, und machte sich daran, die Fackel in Brand zu setzen. Der Priester und der andere sahen ihm aufmerksam zu.

»Jetzt!« zischte Joab und schnellte vor.

Der Überfall kam so plötzlich, daß keiner der drei Jebusiter Zeit fand, einen Schrei auszustoßen. Davids im Kriegshandwerk geübte Wüstenkrieger waren blitzschnell im Angriff, hatten im Nu jeder seinen Mann an der Kehle gepackt und niedergerissen. Ein halbes Dutzend andere Krieger waren sofort zur Hand, und schon lagen die drei Jebusiter gebunden im Gang.

Joab beugte sich besorgt über den Priester. »Er ist doch nicht etwa tot?«

Uria, der ihn niedergerungen hatte, lächelte beruhigend: »Ich mußte etwas härter zufassen, weil er eben noch zum Schreien ansetzte. Doch du kannst unbesorgt sein, er atmet.«

Die beiden anderen hatten nicht die Besinnung verloren. Mit angstvollen Blicken betrachteten sie die Gestalten, die da im zuckenden Licht der Fackel nur schemenhaft zu erkennen waren.

»Ihr seid Krieger Davids?« flüsterte der Mann, der die Fackel angezündet hatte.

»Wir sind's«, nickte Joab, »sei unbesorgt, nichts wird euch geschehen, wenn ihr ruhig bleibt.«

Er sah, wie jetzt auch der Priester wieder zu sich kam, und beugte sich zu ihm nieder. Jetzt schlug der Mann die Augen auf. Er wollte sich an die schmerzende Kehle fassen, erkannte, daß ihm die Hände gefesselt waren, und bäumte sich auf. Behutsam drückte Joab ihn nieder: »Still! Dir geschieht kein Leid.« Er wies mit den Augen auf die Krieger. »Wir sind Männer Davids Ben Isai, haben den Brunnenschacht erstiegen und den Zugang zum Wasser besetzt.« Er betrachtete prüfend den Gefangenen. »Wie ich sehe, bist du ein Priester?«

Der Gefesselte blitzte ihn an: »Wenn du das siehst, warum bindest du mich dann?«

Joab lachte lautlos: »Meine nur nicht, daß Joab sich vor einem Priester Molochs[20] fürchtet!« Verächtlich blickte er

[20] Zu *Menschenopfern* vgl. 3.Mose 18,21; 20,2; 5.Mose 18,10; 2.Kön. 23,10; Jer. 7,31; 19,5; 32,35.

auf seinen Gefangenen nieder. »Nein, ich hasse euch! Menschen zu opfern!« Joab spie aus. »Unschuldige Kinder dem Götzen Moloch in die vom Feuer glühenden Arme zu legen!« Er stieß sich hoch. »Priester nennt ihr euch? Diener Beelzebubs seid ihr!«

Zornige Röte flog über das Gesicht des Gefangenen, als er leise, aber mit fester Stimme erwiderte: »Ich bin kein Priester Molochs oder Baals. Ich bin ein Diener des Allerhöchsten.« Er sah, daß Joab überrascht aufhorchte. »Ich bringe keine Menschenopfer dar. Ich wollte mit diesen beiden Dienern hier Wasser schöpfen und zur Höhe Morija hinaufsteigen, um dort bei Sonnenaufgang dem Herrn ein Opfer darzubringen.«

Joab, noch immer argwöhnisch, fragte: »Ich sehe keine Opfergaben?«

Unwirsch gab der Priester zurück: »Die Früchte des Feldes sind dem Allerhöchsten angenehm. So lehrte es schon der Priesterkönig Melchisedek[21], der mit Brot und Wein zu Abraham hinausging. Wein ist hier im Krug und Brote trägt ein Diener.«

Joab hatte sich niedergebeugt, löste des Priesters Fessel und sagte: »Wenn du dem Allerhöchsten dienst, dann ist Friede zwischen dir und uns. Wir sind Kinder jenes Abraham, den euer Priesterkönig Melchisedek damals segnete.« Er half dem Priester hoch, gebot Uria, auch den beiden anderen die Bande zu lösen. »Ich bitte euch jetzt nur, still hier mit uns zu warten, bis die Sonne aufgeht. Schlügt ihr Alarm, so müßten wir Jebus mit dem Schwert niederzwin-

[21] Vgl. 1. Mose 14,18–20; *Melchisedek* heißt übersetzt »König der Gerechtigkeit«. Hebr. 7 sieht in ihm geradezu einen Vorläufer des Christus, eine Gestalt, die ankündigt, was Christus einmal vollbringen wird.
Schon den heidnischen Kanaanitern war in diesem Melchisedek der Glaube an den einen Gott angeboten. Doch die Menge der Kanaaniter hing dem Moloch und den Baalen an. Vielleicht fiel gerade darum Gottes Gericht an diesen Völkern so hart aus (vgl. auch Paulus in Röm. 1,21ff).

gen. Doch David ist gewillt, einen guten Frieden mit euch zu machen.«

Überrascht blickte der Priester ihn an. »David will Frieden mit uns halten?« Er sah die Krieger zustimmend nicken. »Einen Friedensbund, wie Melchisedek ihn mit eurem Vater Abraham schloß?«

»Das ist der Wille Ben Isais!« bekräftigte Joab.

Der Priester betrachtete ihn prüfend. »Wer bist denn du, daß du den Willen Ben Isais so gut kennst?«

Joab reckte sich in den Schultern: »Joab, der Sohn seiner Schwester Seruja, ein Neffe und Vertrauter Davids seit Jahr und Tag.« Ein stolzes Lächeln zuckte über sein Gesicht. »Und seit heute auch der oberste Feldhauptmann in Juda!«

Der Priester stand lange in Gedanken, dann sagte er: »Vor El Eljon, vor Gott dem Allerhöchsten, haben unsere Väter Abraham und Melchisedek einen Bund geschlossen.« Er streckte Joab die Hand entgegen. »Schlag ein, Feldhauptmann Davids! Friede sei zwischen uns und euch.«

Erstes Licht fiel durch den Eingang in den Stollen. Abisai hatte die Fackel gelöscht, spähte hinaus und sagte über die Schulter: »Nicht lange, und die Sonne wird über die Höhe steigen.«

Joab wandte sich an einen der Männer, der ein Widderhorn trug. »Gib David Ben Isai das Zeichen, daß wir den Wasserschacht bezwungen haben.«

»Warte noch einen Augenblick!« gebot der Priester. »Es könnte sein, daß die von Jebus beim Klang des Horns zu den Waffen greifen. Laß mich gehen, Joab, und noch zuvor mit den Ältesten der Stadt sprechen. Sei unbesorgt, ich will wie David den Frieden!«

Ohne eine Antwort abzuwarten, wandte er sich um und ging die Gasse entlang.

Sie sahen, wie er an einem der nächsten Häuser schon den Schritt verhielt und an die Türe klopfte. Worte wurden gewechselt, Fragen beantwortet. Nun trat ein Alter vor die Tür, winkte einen Diener aus dem Haus und gab ihm Weisung. Der lief die Straße hinab, klopfte hier und dort an, verschwand um eine Ecke.

Schweigend sahen Davids Männer zu, was dort vor ihren Augen geschah: Jetzt waren eine Handvoll würdiger Alter um den Priester versammelt, der zu ihnen sprach. Sie schienen erschrocken, starrten betroffen herauf, rangen die Hände.

Gleich würde die Sonne über die Berge steigen, dann mußte Joab David das vereinbarte Signal geben – doch da: Jetzt kam der Priester mit einem der Alten die Gasse herauf.

»Friede sei zwischen eurem Herrn und uns!« rief der Alte schon von weitem. Er wies auf einen Mann, der jetzt die Straße hinablief: »Mein Diener eilt, das Stadttor David Ben Isai zu öffnen. Laßt das Schwert in der Scheide, daß kein Blut sei zwischen uns und euch.«

Jetzt hatte der Alte Joab erreicht, streckte ihm die Hände entgegen: »Da, nimm hin Brot und Salz! Seid uns willkommen in Jebus, ihr Männer Davids.«

Ein Wink Joabs, das Widderhorn dröhnte über die Dächer hin. Drüben am Hang, im ersten Licht des jungen Tages sprangen die Krieger Davids auf, schwangen jubelnd die Schilde. Ein Knarren kam aus der Talflanke, Abisai rief: »Sie öffnen das Stadttor, hört ihr's?«

Jetzt wurde es überall in der Stadt lebendig. Auf den Dächern, die sich – Terrasse über Terrasse – am Hang des Ophel heraufzogen, standen die Jebusiter. Anfangs waren Schreckensrufe laut geworden, doch bald hatten die Boten der Alten die Kunde verbreitet: Friede ist zwischen David und uns!

Unter dem Stadttor empfingen die Ältesten David und seinen Rat Husai. Davids Krieger hielten noch draußen vor dem weit geöffneten Tor.

Wein und Brot bot der Priester dem König Judas: »Im Namen Melchisedeks sei uns willkommen, David Ben Isai!«

David trank von dem Wein, brach ein Stück von dem Brot ab und aß. Dann sagte er: »Friede ist zwischen mir und euch. Ich will, wenn ihr einverstanden seid, unter euch wohnen und euer Mitbürger sein.«

Zuerst begriffen sie nicht, doch dann wechselten sie erstaunte Blicke: Er will unter uns wohnen? Dann – dann soll also Jebus seine Königsstadt sein? Einer der Alten beugte die Knie: »Sei willkommen, König David! Wir wollen dir unsere erstgeborenen Söhne als Geiseln stellen, damit du sicher unter uns wohnen kannst.«

David zog ihn hoch, riß ihn an seine Brust, rief: »Nimmermehr ist es Sitte unter Freunden, sich Geiseln zu geben! Wo Vertrauen ist, da bedarf es keiner Sicherheit.«

Der Priester hob segnend die Hände: »David Ben Isai, du bist der Friedensbote. Hinfort wird nicht mehr wüten das Schwert zwischen den Enkeln Melchisedeks und Abrahams. Einträchtig werden Israel und Kanaan in unseren Mauern wohnen. Gelobt sei Jahwe Zebaoth, der seinen Frieden dir ins Herz gelegt hat!«